Zeitschrift der
genealogisch-heraldischen Arbeitsgemeinschaft
Roland zu Dortmund e.V.

Sitz Dortmund, gegründet am 24.05.1961

AF223350

Herausgegeben im Auftrag des
Roland zu Dortmund e.V.
von Christian Loefke

Band 21 • 2012

Roland zu Dortmund e.V.
Postfach 10 33 41, 44033 Dortmund
E-Mail: info@roland-zu-dortmund.de
Homepage: www.roland-zu-dortmund.de

Vorsitzender: Hans Gerd Mausen, Wernher-von-Braun-Str. 16, 59399 Olfen – *Stellv. Vorsitzender:* Walter Nabrotzky, Gabelstr. 10, 44287 Dortmund – *Schriftführerin:* Elke Mehlmann, Schwarzdrosselweg 6, 44225 Dortmund – *Stellv. Schriftführerin:* Angela Sigges, Krinkelweg 203, 44267 Dortmund – *Schatzmeister:* Udo Westermann, Volksgartenstr. 94, 44388 Dortmund – *Stellv. Schatzmeister(in):* (vakant) – *Beisitzer:* Nancy Myers und Georg Palmüller, Flözweg 9 59174 Kamen – Christian Loefke, Dorothea-Petersmann-Weg 10, 48147 Münster

Schriftleitung: Christian Loefke

Jahresbeitrag für Einzelpersonen € 30,- (Ehepaare € 35,-)
Konto: Sparkasse Schwerte, BLZ 441 524 90, Kto.-Nr. 68 569
fällig im 1. Quartal des Jahres. Der Verein ist vom Finanzamt Dortmund-West als gemeinnützig anerkannt.
    Der Bezugspreis der Zeitschrift (Roland) ist im Mitgliedsbeitrag enthalten. – *Arbeitssitzungen:* Am zweiten Dienstag im Monat um 19.00 Uhr im Hotel Drees, Hohe Straße 107, 44139 Dortmund.

Bibliothek: Im Stadtarchiv Dortmund, Küpferstr. 3. – Betreuung jeweils am 2. Dienstag eines Monats von 13-18 Uhr und am 4. Dienstag von 10-15 Uhr; ☎ 01 51 – 26 88 51 87

Satz: Christian Loefke, Münster
Herstellung und Verlag: BoD – Books on Demand, Norderstedt

ISSN 2196-1697
ISBN 978-3-8370-2239-1

Inhalt

Mitarbeiter des Bandes

Christian Barrenbrügge
Britischer Weg 10, 44143 Dortmund – Barrenbruegge@gmx.de

Richard Goldmann
Pfarrer-Kneipp-Straße 4, 44141 Dortmund – Richard-Goldmann@t-online.de

Wilhelm Groetelaer
Krähenbruch 8, 44227 Dortmund – wilhelm@groetelaer.de

Christian Loefke
Gereonstr. 1, 48145 Münster – Loefke@web.de

Jochen Engelhard von Nathusius
Rathaus 2 (Raum 6), Ruhrstr. 9, 58730 Fröndenberg/Ruhr –
    J.vonNathusius@froendenberg.de

Georg Palmüller
Flözweg 9, 59174 Kamen – palmueller@me.com

Udo Westermann
Volksgartenstr. 94, 44388 Dortmund – udo.westermann@vodafone.de

Westermann
(Dortmund-Brackel)

von Udo Westermann

Abb. 1: Drei Generationen Westermann in Brackel, um 1914 (Familienbesitz)

von Großholthausen kommend...

Friedrich Wilhelm Westermann aus Großholthausen (* 21.03.1835, † 21.02.1916) heiratete am 05.12.1867 Maria Friederike (Lina) Hölmer gen. Meyerling (* 23.01.1843, † 21.02.1901) vom Frenking'schen Hof in Brackel.

Seine Eltern, Henderich Hermann Westermann (Dönhoff) (* 17.11.1795, † 28.02.1853) und Catharina Schulte-Witten (* 28.12.1805, † 18.06.1874), hatten insgesamt neun Kinder. Friedrich Wilhelm war der zweite Sohn.[1]

Abb. 2: Friedrich Wilhelm Westermann, um 1911 (Familienbesitz)

Durch Heirat ging der Frenking'sche Hof in den Besitz von Friedrich Wilhelm Westermann, Sohn des Gutsbesitzer Westermann (Dönhoff) aus Großholthausen, über.

---

1 Ältere Unterlagen, Stammbaum Westermann (zurückgehend bis 1394) und Verwandtschaft Dönhoff sind in der Westermann Chronik (Teilabdruck im Roland 22 [2013]) zu finden.

Zur Geschichte der Familie Frenking[2]

Im ältesten Steueregister der Grafschaft Mark von 1486 findet sich in Brackel der Name Vrenkinc (auch Fränking, Vrenkänick, Frenke oder Franke) nicht,[3] so dass angenommen werden kann, dass damals die Hofbesitzer noch adelig, also steuerfrei waren.

Als am 25. Mai 1295 der Ritter Albert von Hörde dem Deutschritterorden in Brackel den Bösinghof (wahrscheinlich Hof Gössing) für 3 Mark vor dem Brackeler Freigrafen Johannes Vac auflässt, ist Arnold de Vrenckinc Gerichtsbeisitzer (Schöffe), sowie als Zeugen die Brüder Gottfried und Dietrich de Vrenkinc.[4]

Johann de Vrenkinc war 1302 Deutschordenskomtur in Westfalen.[5]

In den Urkunden der Brackeler Deutschordens Kommende kommt der Name Vrenkinc oft vor. Auch im Güterverzeichnis der Kommende figuriert der Name mehrfach.[6]

Am 1. Februar 1450 bezeugt Elseken von Brakel genannt „dey Frenkesche", dass sie für eine Schuld von 10 Dortmunder Mark der Brackelschen Kirche den Schimmelskotten versetzt habe,[7] den sie am 9. August 1455 an Heinrich to Bodeking verkaufte.[8] Ihr Sohn Arnold v. Brakel siegelt neben dem Hofesschulten Johann von Brock.

Noch 1470 verkaufte sie am 5. Februar mit Thonis von Unkel dem Komtur Adrian von Dorth in Brackel 7 Morgen Land.[9]

Der Hof blieb bis ca. 1700 in Frenkingschen Besitz. Die späteren, nicht direkt blutsverwandten Hofaufsitzer und Nachfolger nahmen jeweils den Hofesnamen „Frenking" an.

Der Hof, der gegenüber der Brackeler Kirche lag und über zahlreiche Ländereien verfügte, wurde Mitte der 1950er Jahre an die Stadt Dortmund verkauft und zur Schaffung neuen Wohnraumes abgebrochen. Die „Hoferbin" Friedel Westermann erhielt als Entschädigung für den Verlust der Ländereien den Gutshof Lindenhof in Warnsdorf (Holstein-Ostsee). Der heute im Besitz ihrer Tochter Ulla Westermann verh. Schobes ist.

---

2 Die folgenden Angaben sind von Wilhelm Steimann auf der Grundlage folgender Veröffentlichungen zusammengestellt und von Udo Westermann überarbeitet worden: Rübel, Karl: Die Ordenscommende Brakel, in: Beiträge zur Geschichte Dortmund und der Grafschaft Mark 2-3 (1878), S. 81-139; Bräcker, Theodor: Ländliche Verhältnisse aus älterer und neuerer Zeit, veranschaulicht durch Bilder aus der Geschichte Brackels. Dortmund 1896 (urn:nbn:de:hbz:6:1-2185) und Knippenberg, Günter: Brackel, ein Dorf am westfälischen Hellweg. Lünen 1997.
3 Timm, Willy (Bearb.): Schatzbuch der Grafschaft Mark 1486. Unna 1986 (Quellen zur Geschichte Unnas und der Grafschaft Mark, 1).
4 Rübel, Ordenscommende, S. 99f., Nr. 4.
5 Laut Rübel, Ordenscommende, S. 137: Westfälisches Urkundenbuch [WUB] III 1224, Anm. 1.
6 Urkunden und Güterverzeichnis sind abgedruckt bei Rübel, Ordenscommende, S. 95-123 (Urkunden und Regesten) und S. 124-137 (Güterverzeichnis).
7 Rübel, Ordenscommende, S. 112, Nr. 29b.
8 Rübel, Ordenscommende, S. 113, Nr. 30.
9 Rübel, Ordenscommende, S. 115, Nr. 38.

Die Grabstätte des Stammhofes Frenking-Röttgersmann-Westermann auf dem Friedhof Brackel war jahrelang in Besitz vom Ilse Westermann verh. Steimann, sowie ihres Sohn Klaus Steimann aus Herford. Die Grabstelle fiel dann in Absprache an Inge Westermann verh. Funke in Brackel.

Hofesfolge der Familien
Frenking – Röttgersmann – Westermann

bezeugt 1295:

Arnold de Vrenckinc   Gottfried Vrenkinc – Dietrich Vrenkinc

wahrscheinlich * um 1255
† 1300

Johannes de Vrenkinc
wahrscheinlich * um 1268
1302 Deutschordenskomtur von Westfalen

Arnd van Vrenkynck   oo   Wabele von ...?
wahrscheinlich * um 1320 [urkl. 1375][10]

Arnold Vrencinc   oo   Elseken von Brackel
* um 1400   genannt „dey Frenkesche"

Sohn:
Arnold von Brackel(!)
siegelt 1455, * um 1430

Dietrich Frenking von Brackel

Margarethe Frenkingh   oo   Melchior (v.)Mallinkrodt
* 1610   1632   Bürger in Dortmund, * um 1600

---

10 RÜBEL, Ordenscommende, S. 105, Nr. 11b (1375 Oktober 17): Arndt van Vrenkynck, Wabele seine Gemahlin, Hans und Jutta ihre Kinder, bestätigen, dass Ertmar von Brakel und seine Frau Ghese sie für ihre Erbansprüche vollständig abgefunden haben.

Johann Bernhard Frenke   oo   Maria Catharina Tüter
* um 1720

Ab hier lässt sich eine einigermaßen gesicherte Hoffolge erstellen:

I.
Johann Henrich Samann   oo   Anna Sybilla Catharina Nöpler
aus Vluyn im Fürstentum Moers   05.11.1765

Aus der Ehe gingen 6 Kinder hervor. Samann prozessierte mit dem Eigentümer des Hofes, Major von Katzler, und verlor. Verarmt musste er den Hof verlassen. Samanns Nachfolger wurde Nr. II. – eine Blutsverbindung mit ihm ist nicht bekannt.

II.
Johann Dietrich   oo   Anna Catharina NN
[? Wunnenberg gen.] Frenking
* 1718, † 17.05.1796   * 1714, † 29.04.1796

er kommt nur unter dem Namen Frenking vor. Da aber sein Nachfolger, der nicht mit einer Tochter vom Hofe verheiratet war, den Doppelnamen Wunnenberg gen. Frenking führte, ist zu vermuten, dass er bereits aus Kirchhörde kommend auf den Hof Frenking in Brackel geheiratet hat.
Sein Nachfolger – und eventueller Sohn – war:

III.
Johann Dietrich [Wunnenberg   oo   Catharina Elisabeth
genannt] Frenking   Haselhoff,

Tochter von Joh. Dietrich Schulte
Groß Holthausen u.d. Erbtochter Clara
Catharina Haselhoff aus Wambel

* 1752, † 10.09.1788   14.12.1780   * 27.01.1759, † 29.10.1842

Sie heiratete am 01.09.1789 in zweiter Ehe den Friedrich Hermann Schulte Barop, * 1767, † 07.11.1848.

Der Sohn aus erster Ehe wurde Hofesnachfolger:

IV.

Johann Friedrich Wilhelm Frenking[11]	oo	Friederike Wilhelmine Gertrud Göckmann gen. Heubing
* 22.02.1787,[12] † 01.11.1855	02.12.1830	* 10.12.1806, † 25.09.1858

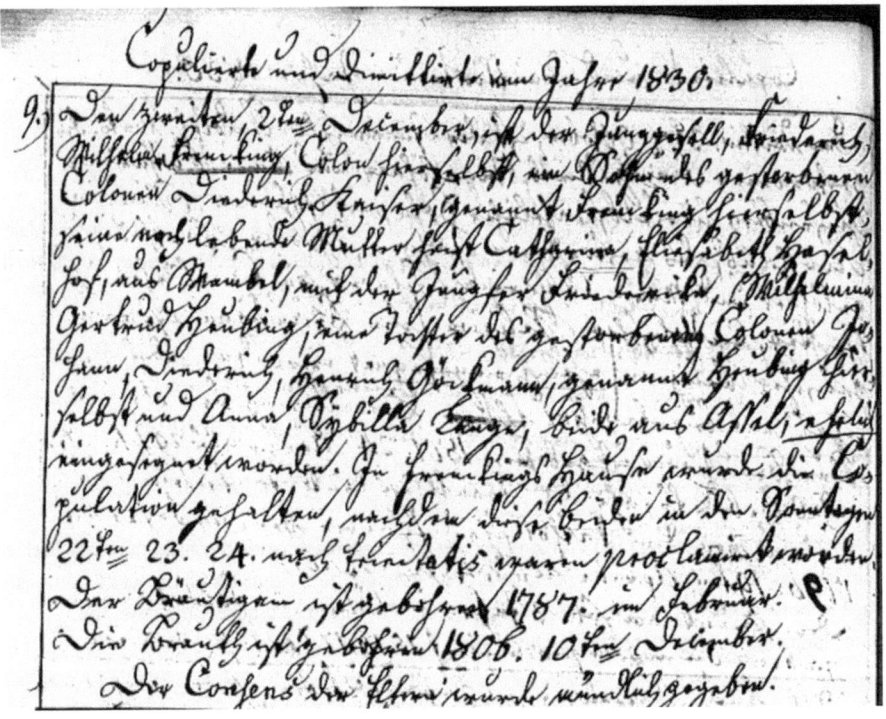

Erben wurden die vier Halbgeschwister aus der 2. Ehe der Mutter mit Friedrich Hermannn Schulte Barop:

¼   Johann Heinrich Frenking gen. Schulte Lennings in Holzen

¼   Catharina Elisabeth Schulte Barop, Frau Hidding in Brackel

¼   die Kinder der verstorbenen Johanna Sophie Theodora Schulte Barop, Frau Schulze Vellinghausen

---

11 Warum sein Vater bei der Hochzeit 1830 „Kaiser" genannt wurde, ist nicht ersichtlich.

12 KB Brackel, Taufen 1787: Nr. 4) dem Bauern Johan Diederich Frencking ist von seiner Ehefrau Catharina Elsabeth Hasselhoff den 22ten Febr(uar), Abends um 2 Uhr, ein Söhnlein geboren, den 1ten Märtz getaufft und genennet worden: Johan Friederich Wilhelm. Taufzeugen waren: Johan Died(erich) Hasselhoff aus Wambel, des Schultzen Sohn aus Holthausen Friederich Wilhelm und Clara Catharina Ehefrau Beckman.

1. Bürgermeister Schulze Vellinghausen
2. Lisette Schulze Vellinghausen, Frau Middelmann
3. Sophie Schulze Vellinghausen, Frau Grügelsiepe

¼ Johann Dietrich Schulte gen. Frenking gen. Röttgersmann

Letzterer wurde, nachdem er sich mit den anderen Erben auseinandergesetzt hatte, Eigentümer des Frenking'schen Hofes.

V.

Johann Dietrich Schulte gen. Frenking (Röttgersmann) wurde mit Heirat zunächst ein Röttgersmann	oo	Janna Clara Maria Heubing, Witwe Röttgersmann vom Hof Röttgersmann
* 18.12.1801	12.01.1829	

Nach Erbauseinandersetzung dann Eigentümer des Frenking'schen Hofes. Seine Frau vermachte dem Armenfond kurz vor ihrem Tode 1000 Thaler, sowie der Kirchengemeinde Brackel einen silbernen Abendmahlskelch für die Krankenkommunion.
Der spätere Hof Westermann lag an der Ecke Hellweg/Flughafenstraße (Nr. 4) und war durch Vereinigung des Röttgersmannhofes, der bis 1853 zu den Kirchengütern zählte, mit dem Frenkinghof, der bis dahin dem Gutsbesitzer Major Ludwig v. Katzler gehört hatte, entstand.[13]
Da die Ehe kinderlos blieb, vererbte er den Hof an Caroline Meierling (siehe VI.). Sie war die Tochter von Dietrich Friedrich Hölmer gen. Meierling und der (oo 06.06.1839) Wilhelmine Sybille Göckmann gen. Heubing.

VI.

Caroline (Lina) Meierling	oo	Friedrich Wilhelm Westermann
* 23.01.1843, † 09.06.1901	05.12.1867	* 31.03.1835, † 21.02.1916 geboren in Groß Holthausen, Hof Westermann

Kinder:
1) Maria, * 21.03.1869
2) Friederike Luise, * 24.09.1870
3) Wilhelm, * 06.01.1873, jung gestorben
4) Friedrich Wilhelm (Fritz), * 17.01.1881 (siehe VII.)

---

13 Vgl. KNIPPENBERG, Brackel, S. 52.

Abb. 6: Hochzeit Fritz Westermann und Bertha Hiddemann, 1910 (Familienbesitz)

VII.

Friedrich Wilhelm (Fritz) Westermann	oo	Bertha Hiddemann aus Wickede
* 17.01.1881 Brackel	19.11.1910	* 02.01.1886 in Wickede
† 30.09.1965 in Herford		† 30.06.1938 in Brackel

Kinder:
1) Ilse Emma Lina Westermann, * 29.05.1911
   oo 1937 Wilhelm Steimann, aus Brackel
2) Friederich Westermann, * 03.06.1912 (siehe VIII.)

VIII.
Friedrich Westermann   oo   Friedel Schulte Cump
* 03.06.1912   * 17.02.1915
vermisst 1945 in Russland

2 Töchter.

Westermann'sche Kinderidylle 1926

Friedrich Westermann, geb. 3.6.1912

Herrenhaus Hof, Westermann - Brackel

Einholen der Erntekrone auf dem Hof   1935.

Friedrich Westermann jun. auf dem Weg zum Turnier

Herrensitz weicht für Hochhaus

BRACKEL. In vier Jahren wäre das Herrenhaus des ehemaligen Hofes Westermann an der Flughafenstraße/Ecke Brackeler Hellweg hundert Jahre alt geworden. Doch vor diesem Jubiläumstermin wird das „Stück Alt-Brackel" gegenwärtig dem Erdboden gleichgemacht (Bild). Denn an dieser Stelle soll, wie bereits ausführlich berichtet, ein Hochhauskomplex als neuer markanter Punkt im Gesicht der Brackeler City entstehen. Das 12stöckige Wohn- und Geschäftsgebäude mit städtebaulich interessant angegliederten Flachbauten bietet insgesamt 4400 Quadratmeter Fläche für 56 Wohnungseinheiten. 2500 Quadratmeter sind für Läden reserviert. Eine Reihe von Geschäftsleuten am Ort hat sich bereits für das Projekt interessiert. Die Veräußerung von Raum erfolgt auf Eigentumsbasis. Als nächstes und letztes Haus zur Bereinigung der Neubaufläche

Zufallsfund aus dem ev.-luth. KB Kirchhörde

mitgeteilt von Christian Loefke

[S. 88/89]

1767/68

Der reformirte Unterförsters Sohn Carl Arnold **Klott** am Schnarüm im Hombruch ist mit der Dienstmagd Gerdruth **Rufus** von Westönnen, Amts Werl, im Cölnischen am 11. Decembr(is) 1767 im Hause getrauet. [Er] 21-25; [sie] 26-30 [Jahre alt].

Salbuch der Stadt Wiedenbrücker Eigenbehörigen in der Bauerschaft Lintel von 1640

bearb. von Christian Loefke

1. Einleitung

Im Fürstbischöflich-Osnabrücker Amt Reckenberg, einem schmalen Streifen zwischen der Herrschaft Rheda im Nordwesten, der Grafschaft Ravensberg im Norden, der Grafschaft Rietberg im Südosten und dem Oberstift Münster im Süden (Abb. 1), heute ein Teil des Kreises Gütersloh, gab es bis zum Ende des 18. Jahrhunderts vier Kirchspiele (Wiedenbrück, St. Vit, Gütersloh, Langenberg) mit zahlreichen großen und noch mehr kleinen Höfen. Zu den größten Grundherren im Amt Reckenberg zählten neben dem Landesherren,[1] die Fürsten von Bentheim-Tecklenburg zu Rheda, die Grafen von Rietberg, die Klöster Marienfeld und Herzebrock, sowie die Herren v.d.Wyck auf Haus Neuhaus im Kirchspiel St. Vit. Aber auch die Stadt Wiedenbrück verfügte außer über das direkt um die Stadt herumgelegenen Land, dem Stadtfeld, noch über einen eigenen, wenn auch kleinen Bestand an Höfen und Kotten. Diese Grundherrschaft trug einen kleinen Teil zu den Einnahmen des städtischen Etats bei. Wenn auch die meisten Einnahmen aus dieser Grundherrschaft zu den „ungewissen Gefällen" zählten, so konnten doch Auffahrten, Freikäufe oder Sterbfälle je nach Größe und Wirtschaftskraft des einzelnen Hofes im Einzelfall über 100 Reichsthaler ausmachen. Daher war es wichtig, einen genauen Überblick über Land und Leute zu haben – insbesondere in und nach Kriegszeiten, da besonders hier Höfe wüst fielen und die Eigenbehörigen sich eigenmächtig in die Fremde begaben, so dass es schwierig wurde, die fälligen Einnahmen an Sterbfallgeldern von ihnen einzutreiben.[2]

---

1 Über Bestand, Verlust und Wiedergewinnung der landesherrlichen Höfe unterrichtet KÖNIG, Joseph: Das Fürstbischöflich-Osnabrückische Amt Reckenberg in seiner territorialen Entwicklung und inneren Gestaltung. Münster 1939 (Münstersche Beiträge zur Geschichtsforschung, 77); darin auch ein Überblick über „die territoriale Entwicklung der Stadt Wiedenbrück und ihre Beziehungen zum Landesherrn" (S. 187-198).

2 Für das Amt Reckenberg sei auf die Bestände LA NRW, Abt. Westfalen, Fürstbistum Osnabrück - Zentralbehörden, Nr. 163 und 164 hingewiesen; dazu FLASKAMP, Franz: Westfälische Bauernhöfe und Bauernfamilien im Zeitalter des Dreißigjährigen Krieges. Die Osnabrücker Hörigkeit an der oberen Ems, in: Westfälische Forschungen 13 (1960) 59-71, bes. 69-71 (Meier zu Rentrup). Für die Bauerschaften Spexard, Kattenstroth und Avenwedde im Kichspiel Gütersloh sowie die Bauerschaft Lintel im Kirchspiel Wiedenbrück hat Erich POTT einige Quellen ausgewertet und in vier Heften unter dem Titel „Gütersloher Geschichtsquellen" veröffentlicht: Heft 1, Conscriptio de anno 1636 der Bauerschaften Avenwedde, Kattenstroth und Spexard, Gütersloh (1981); Heft 2, Zwei Aufzeichnungen der Zubehörungen des Amtes Reckenberg und der Bauerschaften

Abb.1: Die Lage des Osnabrückischen Amtes Reckenberg.

Ausschnitt aus http://www.lwl.org/westfaelische-geschichte/portal/Internet/input_fel-
der/anzeigen.html?link=http://www.lwl.org/westfaelische-geschichte/kar/normal/kar324.
jpg&text=%3Cbr%3E%3Cbr%3EMinden-Ravensberg%20nach%20der%20alten%20Einteilung%20
in%20%C4mter,%20Vogteien%20und%20Kirchspiele.%20Nach%20einer%20Karte%20von%20
1797%3Cbr%3EVerein%20f%FCr%20Geschichte%20und%20Altertumskunde%20Westfalens

Der Stadt gehörten am Ende des 18. Jahrhunderts folgende Höfe[3] in der Bauerschaft Batenhorst: Kleibaumhüter, Oelker, Ottoaufderheide und Heinrichaufder-
heide. In der Bauerschaft Röckinghausen standen Hellweg und Pöppelbaum[4]
unter städtischer Grundherrschaft. Schließlich waren in der Bauerschaft Lintel
auch die in dem hier vorgestellten Salbuch aufgeführten Höfe thom Buxel,
Strathmann, Künnen-Merten, Zur Stroth, Bröker, Redeker, Stinenhans, Nie-

---

Lintel, Kattenstroth und Spexard, Gütersloh (1982); Heft 3, Salbuch des Amtes Reckenberg Anno
1580, Gütersloh (ca. 1985); Heft 4, Conscriptio de anno 1652-1660/62 des Amtes Reckenberg
(Bauerschaften Lintel, Avenwedde, Kattenstroth und Spexard), Gütersloh (1986).

3   Nach König, Reckenberg, S. 190.

4   Nach Tecklenborg, Walther (Hg.): Das mittelalterliche Stadtbuch von Wiedenbrück (c. 1480).
Münster 1947, S. 55, war dieser Kotten bereits vor 1472 vom Kloster Herzebrock angekauft
worden.

stadtkötter, Arend Wietlake, Walter Wietlake, Kochjohann, Hülsey, sowie die hier nicht genannten Kotten Herde, Gerd Haselkamp und Gerd Möllenbrock der Stadt Wiedenbrück eigenbehörig.

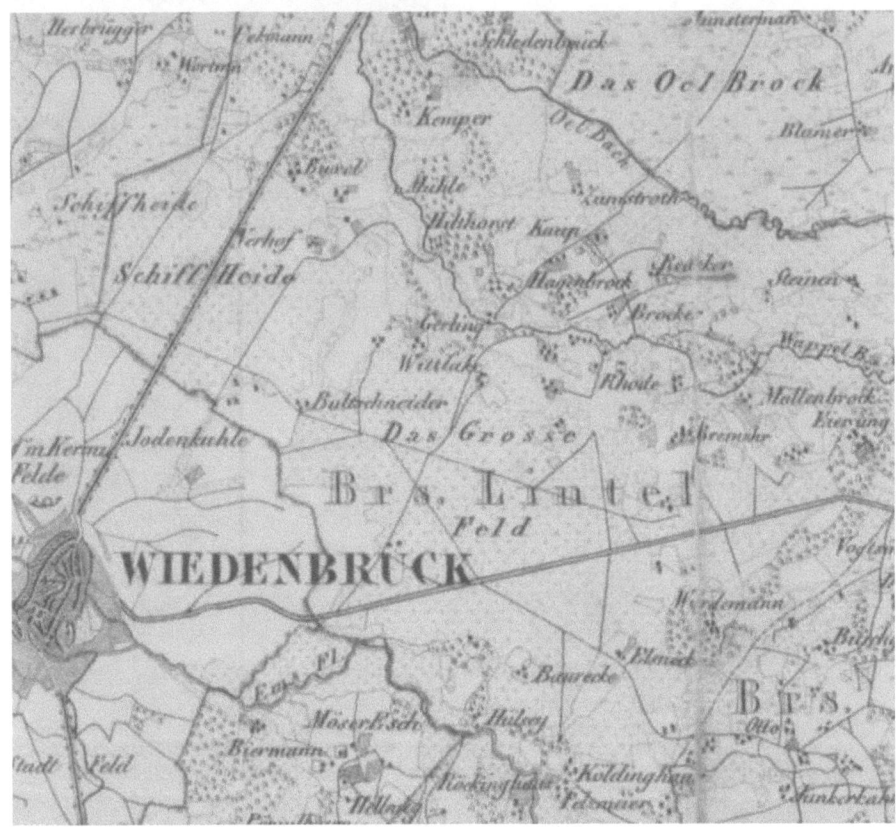

Abb. 2: Lage der Höfe in der Bauerschaft Lintel. Ausschnitt aus: Wiedenbrück (Kreis), Übersichtskarte 1845 (1:80000), LA NRW W, Karten A, Nr. 11786

(http://www.archive.nrw.de/LAV_NRW/jsp/findbuch.jsp?archivNr=1&id=2996&klassId=5& verzId=1544&expandId=3&tektId=3711&bestexpandId=3710&suche=1)

2. Editionsrichtlinien

Das hier vorgestellte Salbuch ist ein kleines Heft im Oktavformat ohne Einband und Teil der Akte WD-F88 des Stadtarchivs Rheda-Wiedenbrücker. Es um fasst neun Blätter, die mit einer neuzeitlichen Folierung von 22 bis 29 durchgezählt sind. Auf der ersten Seite findet sich die Altsignatur „II O1a" des historischen Archivs der Stadt Wiedenbrück.

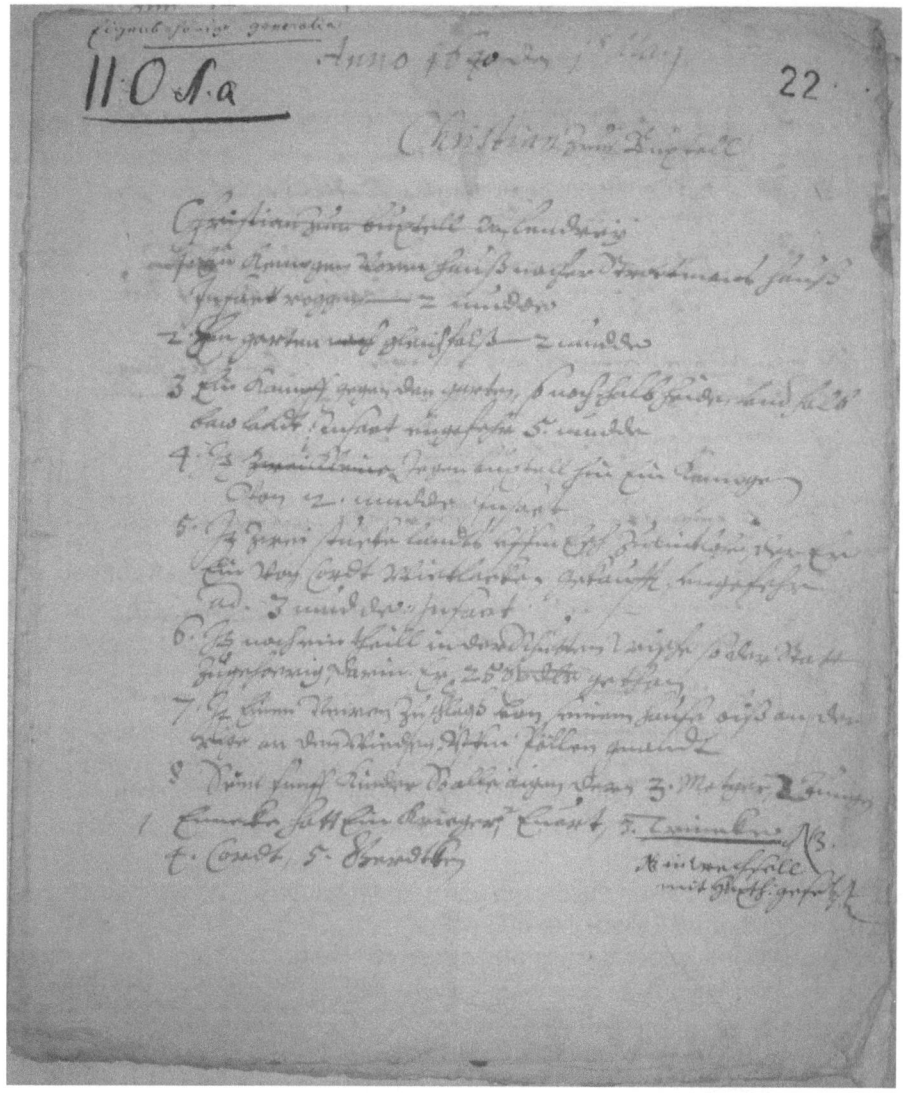

Abb. 3: Saalbuch 1640, fol. 22r (Foto: C. Loefke)

Ziel der Edition ist es, den Text möglichst originalgetreu wiederzugeben. Dennoch wurden aus Gründen der besseren Lesbarkeit ‚u' und ‚v' jeweils nach ihrem Lautwert wiedergegeben und in lateinischen Wörtern ‚j' als ‚i' geschrieben. Abkürzungen und Nasalstriche sind gewöhnlich aufgelöst, letztere meist mit einem ‚n'. Ergänzungen erfolgen in eckigen Klammern ‚[ ]' Eigennamen (Personen, Orte, Flüsse, auch Institutionen) werden groß, alle anderen Nomen hingegen klein geschrieben. Durchgestrichene Wörter, Buchstaben oder Sätze werden, soweit entzifferbar, in spitze Klammern ‚< >' gesetzt. Am Rand nachgetragene oder interlinear ergänzte Wörter werden an entsprechender Stelle im Text mit Querstrichen ‚/ /' kenntlich gemacht und in den Anmerkungen als Ergänzung oder Korrektur ausgewiesen. Die Interpunktion folgt, soweit möglich, der modernen Rechtschreibung. Die Gestaltung der Absätze schließlich hält sich, soweit sinnvoll, an die von der Handschrift vorgegebene Ordnung.

3. Editionstext

[fol. 22r]

II O1a

Eigenbehorige generalia
Anno 1640, den 1ten Maii

Christian zum Buxtell[5]

<Christian zum Buxtell> An lendrey

1. Ein kempgen vorm hauß nacher Stroitmans hauß, insaet roggen – 2 mudde.
2. Ein garten <nach> gleichfalß – 2 mudde.
3. Ein kampff gegen den garten, so noch halb heide und halb bawlandt, insaet ungefehr 5 mudde.
4. Item <zwei kleine> jegen Buxtell hin ein kempgen von 2 mudde insaet.
5. Item zwei stueke landts uffm esch zu Lintlohe, der er ein von Cordt Wietlaeken gekaufft, ungefehr ad 3 mudde insaet.
6. Item noch ein theill in der Schutten wische, so der statt zugehoerig, darin er 25 rdlr[6] gethan.
7. Item einen newen zuschlagh von seinem hause biß an der rige an dem wieden, uffm Pöllen gnandt.
8. Seint funff kinder, so alle aigen, dern 3[7] metger, 2[8] jungen: 1. Enneke, hatt ein krieger, 2. Evert[9], 3. Trineke /NB. In wechsell mit Haxthausen gesetzt/[10], 4. Cordt, 5. Gerdtken[11].

---

5 thom Buxel – wird 1630 als Erbkötter in der Bauerschaft Lintel auf 10 ß [= Schilling] 6 d [= Denarii / Pfennige] geschatzt, siehe LOEFKE, Christian (Hg.): Kopfschatzregister des Amtes Reckenberg von 1630. Dortmund 1992 (Schriftenreihe des Roland zu Dortmund, 16), S. 6 Nr. 18. – Später wird der Hof zeitweilig auch „Stinenevert" genannt, jedoch davon zu unterscheiden: „Stinenhans", siehe unten Anm. 33.
6 Reichsthaler.
7 Verbessert aus „2".
8 Verbessert aus „3".
9 Später Hofnachfolger. Nach ihm wird der Hof auch „Stinenevert" genannt.
10 Nachtrag unter der Zeile. – Haxthausen auf Haus Außel bei Wiedenbrück. Catharina heiratete 1648 Cord (Johan–) Drees in der Bauerschaft Ems.
11 Heiratete 1660 auf Hölschers Stätte in Neuenkirchen (Grafschaft Rietberg).

Stroetman[12]

1. Erstlich ein kempgen zwischen seinem und Buxtellß kotten – 2 mudde einsaet.
2. Item vor dem hoefe nacher Lintlohe ein kempgen von – 2 mudde insaet.
3. Item ein newer zuschlagh neben dem kampff neben dem hauß nach der heiden, dafur ein rt[13] ohrt zur pfacht jahrlichs.
4. Item 3 kinder – 2 metgen und 1 jungh: alteste Dochter Elsgen /NB in wechsell mit Haxthausen gesetzt/[14], 2. Clargen[15] und [3.] Herman [der] jung[e].

Kunnen-Merten[16]
Lenderey

1. Erstlich ein garten beim hause, ungefehr von zwei mudde einsaet.
2. Item ein wischken am wege, so er jetzo gepfloget.
3. Item noch ein kempgen jegen dem hause neben den gemeinen wegghe am schlagbaum von 2 mudde insaet.

Kinder

4. Item 2 <kinder> jungen, dern einer Jobst[17] und einer Herman.
5. Item hatt er ein schwester, Elßgen[18] gnandt, so an Johan Naerman verheirahtet.

Herman tor Stroet[19]
An lenderey

1. Einen kampff, der Niekampff gnandt, ins westen von ungefehr acht mudde insaet.
2. Item ein garte[!] hinder dem hoefe von 2 mudde insaet.
3. Item einen kampff nacher Gueterslohe ins norden von 3 mudde insaet.
4. Item noch einen kleinen zuschlag nach des vogts wische oder Lodenkampff.

---

12 Strathmann – wird 1630 als Erbkötter in der Bauerschaft Lintel auf 10 ß 6 d geschatzt, siehe LOEFKE, Kopfschatzregister 1630, S. 7 Nr. 25.
13 rt = Reichsthaler; Ort (ohrt) = ¼, hier also ¼ Reichsthaler.
14 Nachtrag am Rand. – Heiratete 1651 Peter Wickjohann (oder Wickers), der später auch Strotpeter genannt wird.
15 Wohnte später in Rheda.
16 Künnen-Merten – wird 1630 als Erbkötter in der Bauerschaft Lintel bezeichnet, allerdings wird nur die Witwe Catharina mit ihren Kindern Martin, der 1640 der Wehrfester auf dem Hof ist, und Agnes genannt (LOEFKE, Kopfschatzregister 1630, S. 7 Nr. 24).
17 Anscheinend unverheiratet 1663 gestorben.
18 Ist 1663 gestorben und geerbteilt (StadtA RH-WD, WD-F88, fol. 93v).
19 Zur Stroth – wird 1630 als Erbkötter „Kuherde" auf 10 ß 6 d geschatzt (LOEFKE, Kopfschatzregister, S. 6 Nr. 15).

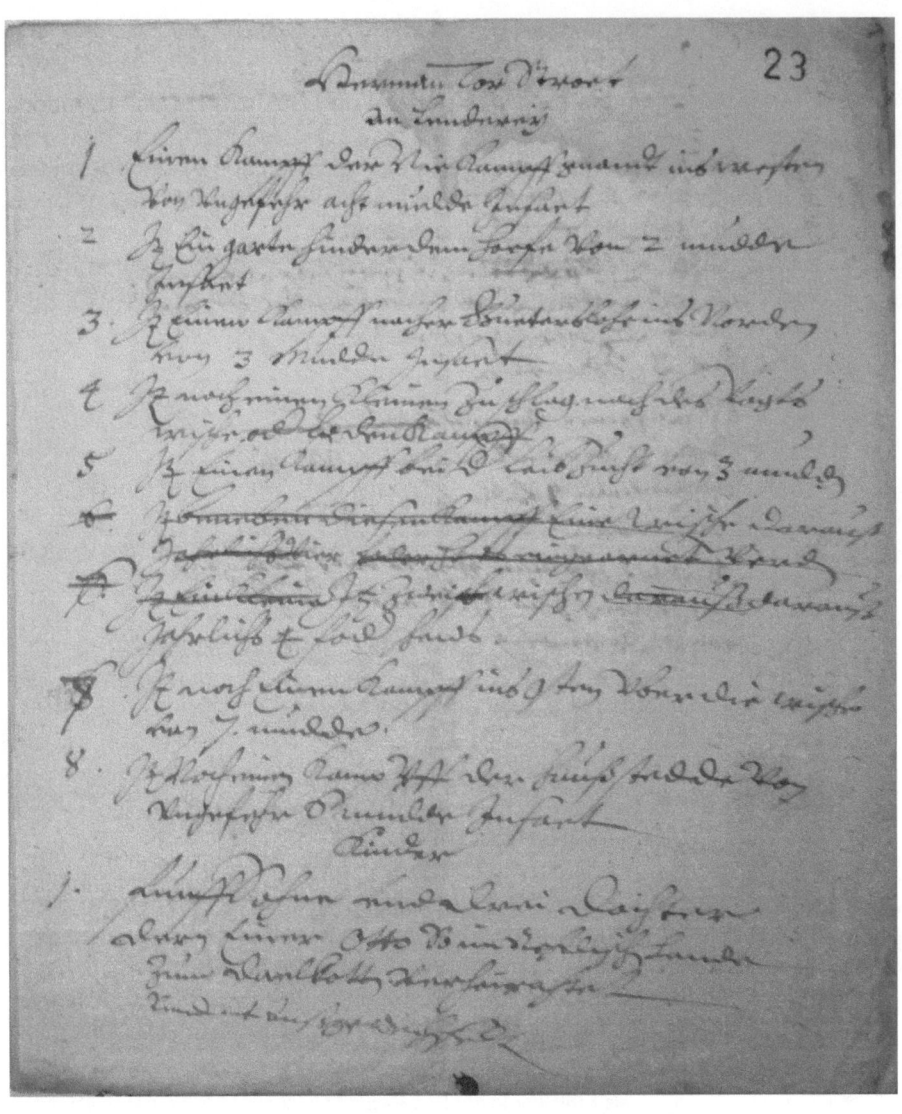

Abb. 4: Saalbuch 1640, fol. 23r (Foto: C. Loefke)

5. Item einen kampff bei der leibzucht von 3 mudde.

<6. Item beneben diesen kampff eine wische, darauß jahrlichs vier foder hews eingearnet werden.>

6.[20] <Item ein kleine> Item zwei<sch> wischen, <darauß> darauß jahrlich 4 foder hews.

---

20 Verbessert aus „7".

7.[21] Item noch einen kampff ins osten uber die wische von 7 mudde.

8. Item noch einen kamp uff der haußstedde von ungefehr 6 mudde insaet.

Kinder

1. Funff sohne und drei dochter, deren einer, Otto, so in rehdischen lande zum Daelkotten verheirahtet und ist außgewechselt.

[fol. 23v]

Der ander, Henrich, so in Hollandt, in Staten[22] dinst.

Der 3., Johan, so zu hauß.

Der 4., Herman.

Der 5., Cordt.

Die eine dochter, Elsge.

Die 2., Trinke[23], so zum Haselkamp uff Haxthausens sunst bestatt und nit außgewechselt.

Die 3., Gretke.

It(em) noch einen kampff <ueber einer> vom 3 schepffell und eine wische, darin man 1[24] foder hews meyet ins norden.

NB. Das Herman thor Stroet berichtet, daß Henrich zum Ohlbroeks dochter von Olde burtig.

[fol. 24r]

Broeker[25]

Lenderey

1. Irstlich ein kampff hinderm hause von 8 mudde.

2. Item beneben dem hauß 2 garten.

3. Item 2 niekempfe ein jeder von 3 mudde insaet.
    <Der einer dr Dern einer halbd>

4. Item ein kempgen an der straten von 1 mudde.

5. Item ein wische von ein foder hews.

Item ein kind, Peter[26] genannt.

---

21 Verbessert aus „8".

22 Die Generalstaaten = Niederlande.

23 Statt gestrichen „Gretke".

24 Verbessert aus „3".

25 In der Kopfschatzung von 1630 wird noch der Vater als Erbkötter in der Bauerschaft Lintel auf nur 10 ß – was wohl ein Versehen des Schreibers des Registers gewesen sein wird – und der Wehrfester von 1640 als Sohn Gerdt auf 4 ß geschatzt (LOEFKE, Kopfschatzregister 1630, S. 6 Nr. 17).

26 Anerbe 1651.

Reeker[27]

Lenderey

1. Irstlich vorm hoefe – 2 garten von 3 schepffell, dabei ein wische von einem kleinen foder hews.

Item ein kampff von 3 mudde hinder dem haufe.

Item ein kamp zwischen zwei wischen von <d vier> drei mudde insaet.

Item ein garte[!] gegen dem hauß von 2 mudde.

Item dahinder ein kampff von 6 mudde.

Kinder

4 Kinder, [der] jung[e] Herman[28], ein metgen Elßgen[29], daß 2. Gerdtken[30], daß 3. Neitken[31].

Item sein broder Evert noch aigen.

Item noch ein broder, Herman, so bei Otten zum Handingk uffm erve ligt in der graffschaft Rittberg[32].

[fol. 24v]

Stinenhanß[33]

1. Einen garten neben dem hauß von 1 mudde insaet.
2. Item daneben ein wische von ungefehr ein foder hews.
3. Item an der Haeken straßen <vo> ein kampff von ungefehr 4 mudde.
4. Item noch ein garte[!] vorm hove von 1 schepffell.
5. Item hinder dem garten ein kampff von 3 mudde.
6. Item noch ein kampff vorm hove von acht mudde insaet.

Kinder

Item 2 Kinder, einer Otto und Evert.

Item sein broder Gerdt bey drost Wipperman in dienst[34].

2 susters, Gretke[35] zu Guterßlohe an Johan Boeker bestatt.

Die 2., Enneke, zu Rebberts hauß bestatt[36].

---

27 Redeker – wird 1630 als Markkötter in der Bauerschaft Lintel auf 6 ß geschatzt (LOEFKE, Kopfschatzregister 1630, S. 8 Nr. 33).

28 Später Fußknecht (Soldat) auf dem Reckenberg aber noch im 30-jährigen Krieg gestorben.

29 Heiratete 1652 Johann Schröder in Wiedenbrück, vgl. LOEFKE, Christian: Ahnenliste Loefke – Teilliste Elverfeld, Teil 5, in: Roland 10 (1995/97), Heft 7, S. 148 und 150.

30 Anerbin 1661, verheiratet mit Johann Bömker.

31 Hat 1659 einen unehelichen Sohn mit Johann Eierling, wird dann an Rietberg gewechselt auf Mersch-Josts Kotten.

32 Kauft sich 1653 frei und wohnt auf Füchtmanns Erbe in Mastholte.

33 Wird auch Stienhaus genannt – zu unterscheiden von „Stinenevert". – Wird 1630 als Erbkötter genannt; der Wehrfester war damals gerade gestorben und sein Sohn Hermann hatte den Hof übernommen und wurde daher auf 10 ß 6 d geschatzt (LOEFKE, Kopfschatzregister 1630, S. 6 Nr. 20).

34 Später Bauschulte des Drosten zu Vlotho.

35 Statt gestrichen „Enneke".

36 Im Jahr 1617 an Ledebur in Langenberg gewechselt.

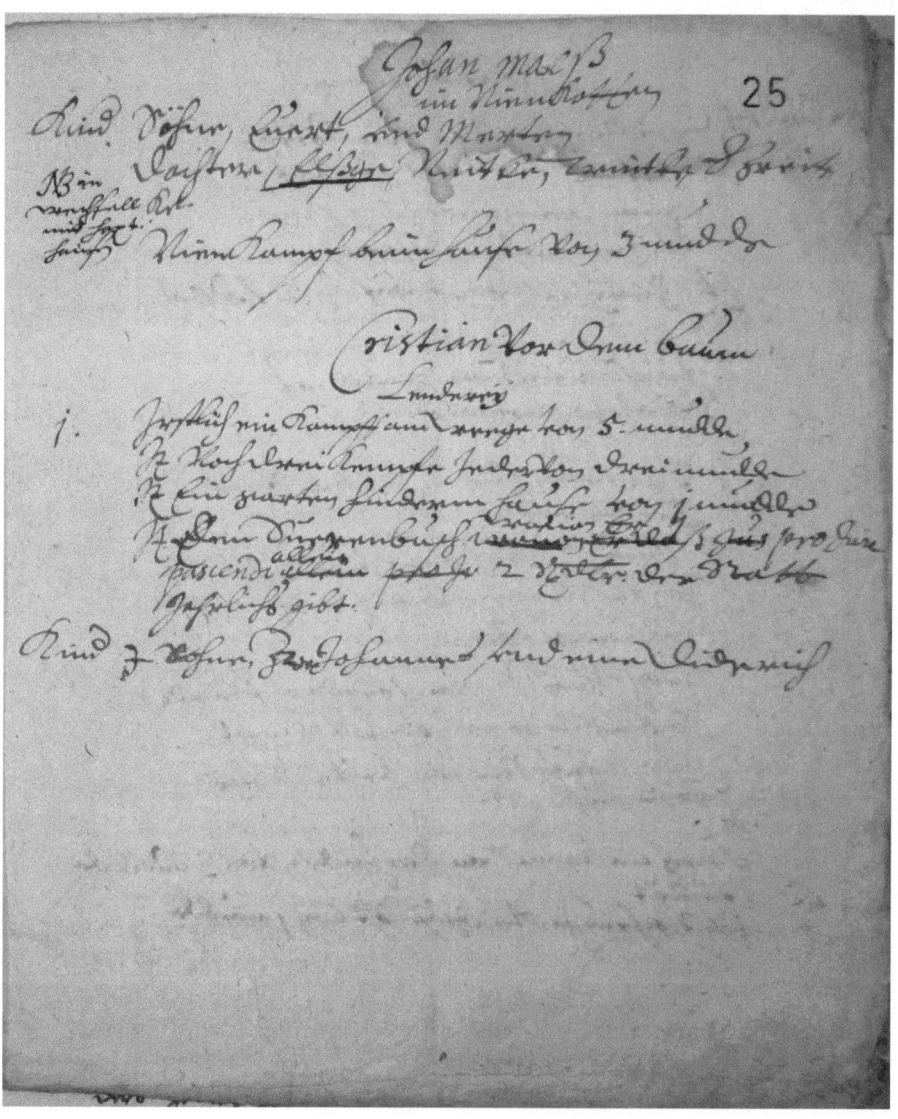

Abb. 5: Saalbuch 1640, fol. 25r (Foto: C. Loefke)

Johan Maeß
im Nienkotten[37]

Kinder: Söhne Evert[38] und Marten[39].
Dochter Elßge /NB in wechsell mit Haxthausen/[40], Neitke[41], Trintke[42],
Greitke[43].

Nienkampf beim hause von 3 mudde.

Cristian vor dem Baum[44]
Lenderey
1. Irstlich ein kampff am weege von 5 mudde.
Item noch drei kempfe, jeder von drei mudde.
Item ein garten hinderm hause von 1 mudde.
Item den Suerenbusch <wovon er daß jus> wovon er pro iure perascendi allein
<pro j> 2 rdlr[45] der statt jehrlichs gibt.

Kinder: 3 Sohne, zwei Johannes[46] und eine Diderich[47].

---

37 Niestadtkötter, auch Niekötter, Niewohner oder Landfermeier genannt – wird 1630 noch nicht
   in der Schatzungsliste genannt; die Ehefrau Gertrud Hellweg – zunächst an Herzebrock verwechselt – wird 1628 zurückgewechselt, damit sind sie und ihre danach geborenen Kinder
   Wiedenbrücker Eigenbehörige; ihr Mann, Johann Ködinghausen, wird erst 1642 an die Stadt
   gewechselt (LA NRW, Abt. Westfalen, Fürstbistum Osnabrück – Amt Reckenberg, Nr. 154, Bd.
   9, fol. 22v). Die Quellen geben sonst keinen Hinweis darauf, dass sie vorher mit einem Johann
   Maes verheiratet gewesen wäre.
38 Wird 1673 Nachfolger seines Bruders Merten, überlässt den Hof aber, da offensichtlich kurz-
   sichtig („welcher das Mangel ahm Gesichte hat"), seiner jüngsten Schwester Anna.
39 Muss 1673 wegen Unfähigkeit den Kotten seinem Bruder Evert überlassen.
40 Nachtrag am Rand. Ist 1673 noch Wiedenbrücker Eigenbehörige.
41 Wird 1661 auf den Rietberger Kotten Buschsiveken verheiratet.
42 Später Magd bei Meier Gevekenhorst.
43 Heiratete 1667 den Reckenberger Eigenbehörigen Johann Laurecker.
44 Sonst Bomker oder Arndt-Wietlake genannt. – 1630 wird die Witwe des Markkötters Baum-
   Arendt in Lintel auf 4 ß geschatzt (LOEFKE, Kopfschatzregister 1630, S. 7 Nr. 27). Ob der hier
   genannte Christian ihr Sohn oder eher zweiter Ehemann ist lässt sich nicht genau sagen. Die
   Angabe „modernus colonus" findet sich sonst häufig bei Neuaufsitzern (StadtA RH-WD, WD-
   F88, fol. 48r).
45 Reichsthaler.
46 Der ältere Johann wird 1661 auf Redekers Kotten verheiratet, der jüngere ist zu Tode gefallen.
47 Heiratete 1664 auf Stinenhanses Kotten.

Wolters Henrich[48]
Lenderey

Drei kempfe vor den kotten, ungefehr ein molt einsaet.

Item einen garten neben dem hauß von ein mudde insaet.

Item zwey wischger ungefehr 2 foder hews.

Item noch ein wische hinder dem hauß, so auß der Luningswohrt genommen.

Item 3 Jungen[49]: Evert[50], Herman[51] unnd Diederich[52].

Item ihres seelgen mans broder Diderich zu Bredemehr bestatt und annoch aigen.[53]

Item noch ihres seelgen mans broder Gerdt, so beim meyer zu Bocholt[54] dienet.[55]

Item ihr mans suster Neite, so bey ihr im hause.[56]

It(em) noch ein kampff an der heiden von 3 mudde einsaet.

Item noch ein garten dhaselbst von 1 mudde.

[fol. 26r]

NB.   Wegen des zuschlags, welchen Suthoff nacher der Luningswohrt vor hat.

Item wegen deß waßers und zuschlags beim Bulte.

Anno 1640, den 3. Aprilis
Kock Johan[57]

Lenderey. Irstlich ein kampff beim hause <mit ein ende von der wisch> von drei mudde insaet.

---

48 Walters oder Walter Wietlake – wird 1630 als Erbkötter in der Bauerschaft Lintel auf 10 ß 6 d geschatzt (LOEFKE, Kopfschatzregister 1630, S. 6 Nr. 16), heiratete um 1629 Elsa Stinenhans, davon die unten genannten Söhne. Sie in zweiter Ehe um 1640 mit Christopher Böhle aus der Grafschaft Rietberg verheiratet.

49 Aus erster Ehe, siehe oben Anm. 48.

50 Dient später zunächst in Vlotho dann in Rheda.

51 Im Stift Köln – wohl Herzogtum Westfalen – gestorben.

52 Freigekauft und Bürger in Wiedenbrück geworden, dort „Bierböhmer" genannt.

53 Nach 14.02.1645 an das Amtshaus Reckenberg gewechselt und auf den Erbkotten Bredemehr an die Witwe Catharina geb. Bredemehr verheiratet (POTT, Gütersloher Geschichtsquellen 3, S. 49).

54 Meier Bokel in der gleichnamigen Bauerschaft.

55 Arbeitet 1652 in Rietberg und erhält 1657 seinen Freibrief (StadtA RH-WD, WD-F88, fol. 47r).

56 Wohnt später bei Ködinghausen (Arndsmeier) und 1668 in Rietberg.

57 Kochjohann – wird 1630 als Erbkötter in der Bauerschaft Lintel auf 10 ß 6 d geschatzt (LOEFKE, Kopfschatzregister 1630, S. 7, Nr. 21).

Item ein kleine wische von ein klein schlepgen hews.

Item ein garten beim hause von 1 mudde saet.

Item ein kampff <a> im Voßebrinck, insaet 1 molt kohrns neben etliche holt-
gewachs.

Item ein kampff am selbigen ohrt, so fur 160[58] rdlr anerkaufft, von 7 mudde insaet
unnd uff die statt landewehr schießendt, darauß 3 schepfl im Waldthoff
bezahlt wirdt.

Item <hieb hieneb> neben diesen obgemelten kampfff ein klein kempgen von
funff spint insaet.

Item ein kampff beim Stockfisch von viertehalb mudde gerste insaet, darauß 2
mudde und eine spint morgenkohrn auff die borgh[59].

Item eine wische allernegst bei diesen kampff von 2 foeder hews, darauß 3
spint habern in hern Peter Stroschneiders[60] canonicat.

[fol. 26v]
Kinder: Joannis Kochhindrichs[61] seelge kinder 2, Paul[62] und Elßgen[63].
Seine[64] kinder: Enneken[65], Johan[66], Trintgen[67].

Hulsey[68]
Lenderey

Irstlich uffm velde am rittberghschen wege schießendt, seine aigene lenderey,
drei stueke, jedes ein mudde saet landts.

Item am Linndengarten uff Hulseys velde 7 stueke von ungefehr 5 <6> mudden
gersten.

Item den Lindenkampff von – 3 mudde ungefehr.

Item der Lindengarte[!] von – 1 mudde.

---

58 Verbessert aus „130".

59 Das Amtshaus Reckenberg.

60 Zum Wiedenbrücker Kanoniker und Thesaurar Peter Strohschneider vgl. SCHMIDT-CZAIA, Bettina:
Das Kollegiatstift St. Aegidii et Caroli Magni zu Wiedenbrück (1250-1650). Osnabrück 1994
(Osnabrücker Geschichtsquellen und Forschungen, 33), S. 339-342.

61 Gemeint ist Heinrich Koch, Anerbe, der in erster Ehe mit Anna Schellertz und dann mit Anna
Hülsey verheiratet war (StadtA RH-WD, WD-F88, fol. 35r).

62 Aus der Ehe mit Anna Schellertz; wird später „der lahme Schneider" genannt (StadtA RH-WD,
WD-F88, fol. 63r).

63 Aus der zweiten Ehe mit Anna Hülsey; soll sich an Junker Haxthausens Reiterknecht verheiratet
haben (StadtA RH-WD, WD-F88, fol. 35r).

64 Der zeitige Wehrfester Johannes, der die Witwe Anna Hülsey geheiratet hatte.

65 Anerbin, verheiratete sich an Johann zum Worden.

66 Wird später nach Herzebrock verwechselt.

67 Heiratete den Lippstädter Soldaten Johann Kletzmann und kommt nach dessen Tod nach
Wiedenbrück zurück (StadtA RH-WD, WD-F88, fol. 63r).

68 Meier Hülsey – wird 1630 als Vollerbe in Lintel auf 2 Rt geschatzt (LOEFKE, Kopfschatzregister
1630, S. 5 Nr. 7).

Item allernegst ein gut von – 1 mudde.
Item noch zwei stucke uff die wische schießendt von zwei mudde gersten insaet.
Item der Kohlgarte[!] – 1 mudde ungefehr.

[fol. 27r]
Lenderei, so andere under haben
Irstlich Hewerskampff, so an der heiden ligt, Gerdt Poppelo[69] 4 jahr under gehabt, insaet 12 mudde, unnd nun erloschen, <unnd soll> ist also Poppelo auff Michaëlis 1640 einem erbarn raht 10 rdlr zu bezahlen schuldig, deßen mueß er jahrlichs 7 mudde an morgen- und pachtkohrn bezahlen lauth burgermeister Druffeln[70] protocolls. /Im marienfeldisch register 7 mudde kohrns./[71]

Uber die Embse
Item uber die Embse hatt Herman Maeß[72] zwei stueke fur 110 rdlr loco interesse under.
Item zwei kleine stueke Herman Maeß fur 20 rdlr, so in anno 1639 mortificirt und erloschen. /Anno 1641, den 2. Maii, omnes senatores haben befunden, daß obgemelte stueke in anno [1]640 woest gelegen, in anno [16]41 von Maeß gedunget und besaemet./[73]
Item Merten Maeß[74] vier stucke landes, so er loco interesse <fur uns> von 100 rdlr gebraucht und uffm Vorenrode gelegen.

[fol. 27v]
Item Wedekinck[75] zu Rockinckhausen stucke landes von – 3 mudde insaet, so er fur interesse von 110 rdlr gebraucht. /Paut 2 mudde roggen insaet./[76]
Item Wiekinck noch 3 stucke landes am zaun gelegen, insaet 4 ½ mudde, darauff gemelter Wedekinck wegen restirender contribution dem herrn

69 Vgl. zu ihm LOEFKE, Christian: Wiedenbrücker Krameramtsverwandte des 17. Jahrhunderts, in: Beiträge zur westfälischen Familienforschung 54 (1996), S. 91-181, hier 138f. Nr. 212.
70 Bürgermeister Henrich Druffel, vgl. LOEFKE, Krameramtsverwandte, S. 107 Nr. 43.
71 Späterer Nachtrag.
72 Bauer auf dem Halberbe Maes in der Bauerschaft Röckinghausen, geschatzt 1630 auf 1 Rt (LOEFKE, Kopfschatzregister 1630, S. 45 Nr. 306).
73 Späterer Nachtrag.
74 Möglicherweise Merten Maes gen. Wixmerten vom Reckenberger Markkotten Wixmerten in der Bauerschaft Röckinghausen, da der Sohn Martin vom anderen Halberbe Maes noch 1649 als Sohn und nicht als Wehrfester genannt wird (LOEFKE, Christian [Hg.]: Kopfschatzung des Amtes Reckenberg vom 19. und 20. Oktober 1649. Dortmund 1998 [Schatzungslisten aus dem Amt Reckenberg, 3], S. 41 Nr. 293 [Wixmerten] und 288 [Maes]).
75 Halberbe Evert Wedeking in Röckinghausen, 1649 auf 1 Rt 7 ß geschatzt (LOEFKE, Kopfschatzung Reckenberg 1649, S. 39 Nr. 286).
76 Späterer Nachtrag.

rentmeistern[77] entrichtet – 50 rdlr, welche in anno 1642 erleschen.

Item ein kampff vor der bruggen, der Mullenkampff gnandt, von 6 mudde gersten insaet, so die Hellewegische[78] wegen ihres brautschatzes under hatt. Hieruber burgermeister Jobst Willmans[79] umb fernern bericht zu fragen. /Dieses cessirt in anno [16]47 und ist dann <alsdann> der brautschatz alsdan bezahlt./[80]

[fol. 28r]
Vertauschete lendery
Irstlich uff Hulseys velde drei stueke landes so von Johan zu Koynkhaus vor etliche jahren getauschet, insaet – 3 ½ mudde roggen.

Wieschen
Irstlich die Bruggen wische, so lonherr Poppelo[81] von anno 1636 bis [1]639[82] inclusive for 100 rdlr von 10 foder hews gebraucht, und also dieselbe mortificirt und in diesem [1]640 jahr widder elocirt werden kan.
Item die wische negst obgemelter Bruggen wischen, das Brock gnandt, von 10 foder gleichfalß und ebenmeßig loeß.
Item die Brede wische, so Henrich Boemke[83] von anno 1635 biß anno 1639 inclusive fur 30 rdlr und andern schuldt, so man ihme Boemken schuldig gewest, gebraucht. Die gelder in anno 1639 mortificirt und ietzo widder die wische verfallen von 6 foder hews. /<Diese wische ist lonherrn Dotten[84] schult.>/[85]

[fol. 28v]
Item ein wische im Außspick, so Kock Johan <Johan von> wegen brautschatz[86] von 25 rdlr ab anno 1636 biß anno 1640 inclusive gebrauchen soll und alß

---

77 Henrich Schultze, von 1636 bis 1647 Rentmeister des Amtes Reckenberg; vgl. zu ihm Loefke, Krameramtsverwandte, S. 143 Nr. 240; zu seiner Familie vgl. Flaskamp, Franz: Wiedenbrücker Familienbücher. Quellen zur Geschichte des westfälischen Patriziats. Münster 1962 (Quellen und Forschungen zur Westfälischen Geschichte, 89), S. 21-27.
78 Margareta Hülsey, zunächst mit Martin Hellweg, danach mit Andreas Pöppelbaum gen. Hellweg verheiratet gewesen (StadtA RH-WD, WD-F88, fol. 36r).
79 Vgl. zu ihm Loefke, Krameramtsverwandte, S. 155 Nr. 305.
80 Späterer Nachtrag.
81 Siehe oben Anm. 61.
82 Die „39“ aus „40“ verbessert.
83 Vgl. zu ihm Loefke, Krameramtsverwandte, S. 104 Nr. 29.
84 Wohl Lohnherr [= Stadtkämmerer] Stephan Dotte gemeint, der spätestens 1648 Bürgermeister wurde.
85 Späterer Nachtrag.
86 Die Witwe Koch, Anna Hülsey, hatte sich um 1635 neu verheiratet.

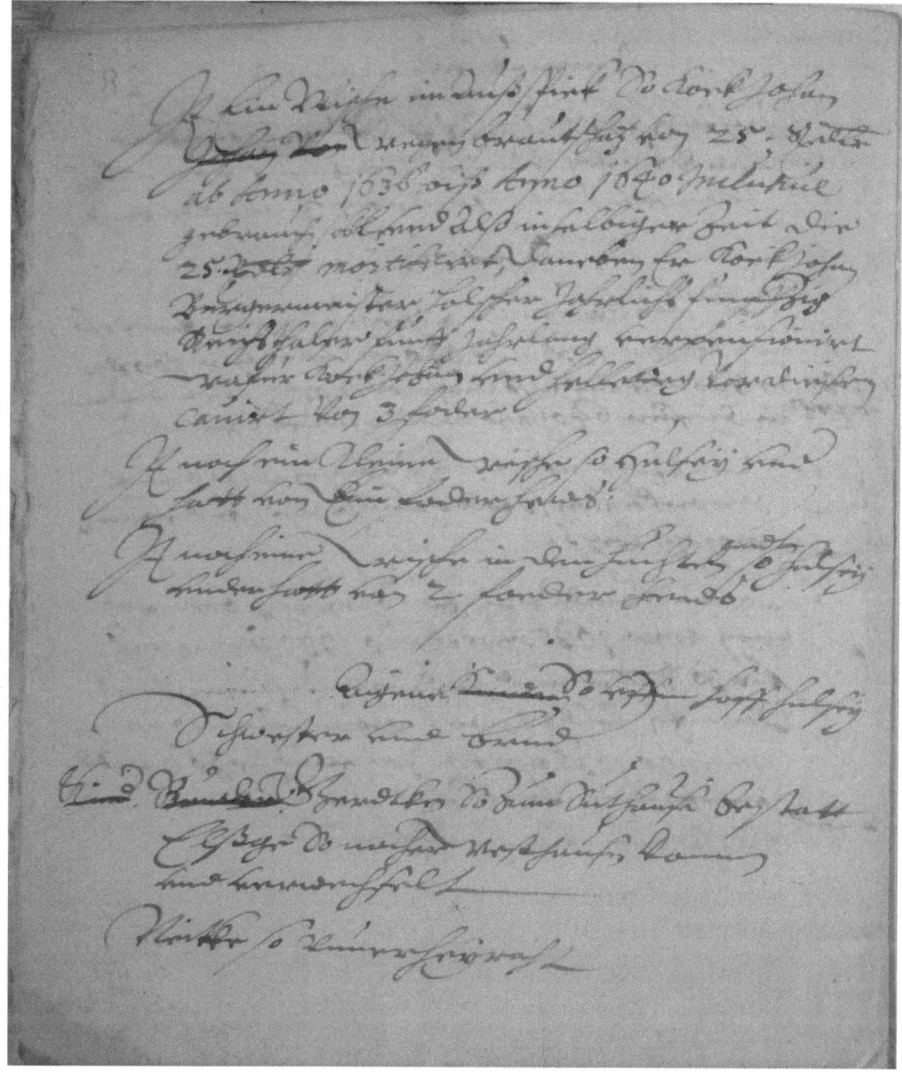

Abb. 6: Salbuch 1640, fol. 28v (Foto: C. Loefke)

in selbiger zeit die 25 rdlr mortificirt, daneben er Kock Johan burgermeister Holscher[87] jahrlichs funffzig reichsthaler funff jahrlang verpensioniert, wofur Kock Johan und Helleweg vor diesem cavirt von 3 foder.
Item noch ein kleine wische, so Hulsey under hatt von ein foder hews.
Item noch eine wische in der Huchten gnandt, so Hulsey under hatt von 2 foeder hews.

---

87 Bürgermeister Hermann Hölscher, vgl. LOEFKE, Krameramtsverwandte, S. 120f. Nr. 113.

Aigene <kinder>, so uffm hoff Hulsey
Schwester und bruder
<Kinder. Bruder.> Gerdtken, so zum Suthause bestatt.[88]
  Elßge, so nacher Westhausen kommen und verwechselt.[89]
  Neitke, so unverheyraht.[90]

[fol. 29r]
  Trinke, so unverheiraht.[91]
  Engelke, so unverheiraht.
  Johan Hulsey[92] selbst.
  Peter, der jungste.

Hulseys kinder
Kinder. Johan.[93]

Notandum
Bey diesem augenschein hatt man befunden, daß der Lohrecker am Koynckhauß
  auß der statt landtwehr einen garten fur 10 rdlr verkaufft, welches hern
  drosten zu erkennen zu geben.
/NB. Daß ohne die gelder, so Maeß und Wiedekinck außgethan, die statt noch
  150 rdlr behueff Hulseys contribution verlagt und außgethan./[94]

[fol. 29v]
<Creditore Hulseys>

Der statt aigenhörigen lenderey
conscribirt anno 1640

lendery, hoffssrech

---

88 Gertrud Hülsey hatte um 1620 auf den Herzebrocker Hof Sutthausen geheiratet (StadtA RH-
    WD, WD-F88, fol. 34r).
89 Um 1638 auf den Hof Westhaus verheiratet.
90 Später an Otto Lümern verheiratet mit dem sie zusammen den Stadt-Wiedenbrücker Kotten
    Aufderheide oder auch Pfannkuch genannt übernimmt (StadtA RH-WD, WD-F88, fol. 98r).
91 Später mit Evert Biermann in Röckinghausen verheiratet.
92 Wehrfester, war mit der Agneta Schulte Frankenfeld verheiratet. Da das Kloster Marienfeld sie
    und ihre Kinder nicht an die Stadt wechseln wollte, musste Johann den Hof 1654 an seinen
    jüngsten Bruder Peter abtreten.
93 Sohn des Johann Hülsey u.d. Agneta Schulte Frankenfeld.
94 Späterer Nachtrag.

Aufstellung der Beerdigungskasse des neuen Westentotenhofs von Dortmund für die Jahre 1811 und 1812

mitgeteilt von Christian Barrenbrügge

Mit der neuen Zugehörigkeit der Stadt Dortmund zum von Napoleon abhängigen Großherzogtum Berg mussten auch die Begräbnispraktiken geändert werden. Auf Napoleonisches Wirken waren nur noch Bestattungen außerhalb der Städte bzw. 30-40m von der Stadtmauern entfernt zulässig.

Zum einen gebot man damit der Überfüllung und Mehrfachbelegung von Grabstätten in und um Kirchen Einhalt, zum anderen kam man besonders auch einem gesundheitlichen Aspekt nach. Es hatte sich gezeigt, dass mit der fern abliegenden Begräbnisstätte eine bessere Hygienesituation herbeizuführen war, da damit eine deutliche geringe Seuchengefahr einherging.

Aus diesen Umständen entstand weit westlich außerhalb des damaligen Siedlungsgebiets der mit Stadtmauern noch umgebenen Stadt Dortmund, mitten auf dem Feld, der neue städtische Westentotenhof – heute umgewidmet und bekannt als Westpark.

Im Staatsarchiv Münster[1] sind Rechnungen der beiden ersten Betriebsjahre des „neuen" Friedhofs erhalten, die genealogisch interessante Informationen u. a. zur wirtschaftlichen Lebenssituation der Familien der Verstorbenen, sowie auch Angaben von nicht in Kirchenbüchern vorkommende Familienangehörige bieten.

Bei den knappen Angaben der toten Kleinkindern ist nicht immer eindeutig, ob die Namen dem Kind oder dem Vater zuzuordnen sind.

Da es sich hier primär um eine Rechnungslegung handelt sind jedem Namen des Toten die Gebühren zugewiesen, die seine Beerdigung die Überlebenden kostete. Pro Beisetzung fielen für Erwachsene 6 R(eichstaler), für Kinder 2 R an. Für Arme war die Beerdigung kostenfrei.

Ein besonderer Umstand verrät sich auch in den Rechnungen, der sich aus den dazugehörigen Sterbeurkunden nicht belegen ließe. Vier

---

1   Landesarchiv NRW, Abteilung Westfalen, Bestand: Großherzogtum Berg, Nr. 116 [Verlegung der Kirchhöfe in Dortmund außerhalb der Stadt (Landesdirektion Dortmund, Regierung Arnsberg)].

Tote, die auch alle nicht aus Dortmund kamen und schon reiferen Alters waren, standen zum Todeszeitpunkt unter Arrest. Genaueres zu den Todesumständen ist aufgrund der mageren Quellenlage aber nicht mehr leicht rekonstruierbar.

Wie es sich für eine gute kaufmännische Buchhaltung gehört wurden auch Kosten und Einnahmen gegenübergestellt. Für das Jahr 1811 waren dies Einnahmen von 499,3 R, jedoch Ausgaben von 537,21 R. Letztere waren sicher der hohen Anfangsinvestitionen geschuldet, denn schon im Jahr 1812 gab es folgendes Bild: 870,5 Reichstaler an Einnamen standen lediglich 664,8 Reichstaler Kosten gegenüber. Somit war das erste Defizit von 38,21 R mit dem Gewinn 1812 von 205,56 R wieder gut wettgemacht. Wenn doch auch gegenwärtig die kommunalen Geschäfte so effizient geführt würden ...

1. Die Aufstellung der Beerdigten für 1811

Vorname	Nachname
Herr Christian	Thier
Witwe	Riepe
Eberhard Johann	Herckelmann
Witwe	Söllerbeck, geb. Haumann
Ehefrau	(Friedrich) Strunck
Ehefrau	(Christoph) Rühl
Johann Henrich	Klingelhöfer
Herr Wilhelm	Hammacher
Witwe	Klingelhöfer
Wilhelm	vom Stein
Henrich	Bellwinkel
Theodor Henrich	Klingelhöfer
Wilhelmine	Nohl, geb. Quadbeck
Johann Christian	Geistmann
Diedrich Henrich	Flankert
Ehefrau	(Caspar) Morck
Caspar Wessel	Eickelberg
Witwe	Feldmann, geb. Börgerhoff
Witwe	Friecke, geb. Pottgießer

Vorname	Nachname
Johann Henrich	Brockhaus
Hermann	Schulte
Diedrich Henrich	Francke
Hermann	Roß
Frau Witwe	Schäfer
Peter	Schelte
Johanna Christina Wilhelmina	Bömcke
Rötger	Fiene
Johann Henrich	Bömcke
W[itwe?]	Aschütz
Wilhelm	Brandhoff
W.	Kühne
Johann Henrich Friedrich	Bömcke
Witwe Zacharias	Schmieding
Giesbert Hermann	Freisenbrauck
Schneider Johann	Coers
Ehefrau	Lennemann
Caspar Henrich	Berghaus
Wi.	Neuendorff
Ehefrau Schullehrer	Schulte
Wi.	Günnemann
Ehefrau	Schleimer
Ehefrau	Nottebohm
Abraham	Vöcking
W.	Wilmsen
Caspar	Wiemer
Ehefrau	Dieckmann
	Stalheuer
W.	Berg
Christian Hen.	Werle
Georg	Overhoff
Caspar Diedrich	Pleuger
Anna Catharina Elisabeth	Lübbert
W.	Koch
Ehefrau	Fischer
Johann Franz	Kaupe
Friederike Wilhelmine	Schmidts

Vorname	Nachname
Henrich	Gottschalk
Detmar	Rellensmann
W.	Kellermann
Johann	Goebel
W.	Hensing
Sophia	Mallinckrodt
Silberarbeiter	Kortum
Silberarbeiter	Kortum
Hermann	Gottschalk

Erwachsene, die ohne Gebühren bestattet wurden:

Wilhelmina	Rave
Eberhard	Breddemann
Henrich	Günnberg
Ehefrau Gottfried	Dieckmann
Diedrich Henrich	Fiene
W.	Carlheim
Johann	Rode
Johann Henrich	Hegemann
Ehefrau	Zurmühlen
W. Diedrich	Hötter
W. Ferdinand	Lemberg
Peter	Prumenbaum
Matthias	Diepart
Friederike Christ.	Enckhaus
Clara	Kloth
W.Th.P.A.L.T.	Werle

Kinder:	Hausname/Eltern:
totgeborenes Kind	Flunkert
Johann Hermann	Putsch
Henrich	Brechtefeld
totgeborenes Kind	Adam Wild
totgeborenes Kind	Schneider
Friedericia	Geisler

Kinder:	Hausname/Eltern:
Johann Hermann	Dieckmann
Henrich	Hellmus
Mina	Meyer
Elisabeth	Schulte
Franz Anton	Flatten
Johann Carol. Wilh.	Pleuger
Carolina Wilhelmina Fried.	Reuffert
Clara Christine	Kortmann
Friederike Theodora	Kreitz
Henrich Arnold	Wencker
totgeborenes Kind	Busen
Clara Catharina	Westermann
Kind von	Carl Fabians
Georg Henr. Friedrich	Pieper
Sophia Louise Wilhelmine	Henze
Marianne	Wibaille
Catharina Gerdrut	Galle
Carolina Wilhelmina Fried.	Buse
Peter Herbert	Flatten
Caspar Diedrich	Floer
Caspar Diedrich	Buddenberg
Kind von	Wencker
Johann Andreas	Bömcke
Diedrich Wilhelm	Möller
Wilhelm	Hageböck
Franz Henrich	Dohle
Henrich	Engels
totgeborenes Kind	Kortmann
totgeborenes Kind	(Hermann) Rüschen
Lisette	Ott
Louise Elisabeth	Sörger
totgeborenes Kind	Bormann
Caspar Henrich	Westrop
totgeborenes Kind	Dorleuchters
Caspar Henrich	Coers
Gottfried	Schmidts
Bernhard Peter Wilhelm	Loth

Kinder:	Hausname/Eltern:
Diedrich Henrich	Loh
Jacoba	Welminck
Carolina Francisc.	Köchling
totgeborenes Kind	Straetling
Wilhelmina Elisabeth Francisca	Schlade
Caspar Diedrich	Francke
Johann Wilhelm Fried.	Demrath
Wilhelm	Kortenbusch
Caspar Wilhelm	Francke
Carl	Fechner
Henrich Wilhelm	Schulte
Johann Henrich	Dieckmann
Friedrich	Borgmann
Henrich Wilhelm	Schröder
Friederike Louise	Kuhmann
Christoph	Wemper
Christina Wilhmina	Gravemann
Catharina Gerdrut	Schulte
Lisette	Abel
Louise	Himmelhaus
Henrich	Deuter

Kinder, die ohne Gebühren bestattet wurden:

Louise	Giesenkirchen
Wilhelmine Fried. Joh. Margarete	Knauf
Wilhelm Henrich Ferdinand	Knauf
Eleonore Louisa	Knauf
Theodor	Corell
Joseph Franz	Blencke
Christina	Westermann
Caspar	Francke
Carl	Schmidt
Elisabeth	Kortmann

2. Die Aufstellung der Beerdigten für 1812

Vorname	Nachname
Caspar Heinrich	Kohlmann
Witwe	Terbeck, geb. Korb
Johanne Albertine Wilhe.	Duwez
Caspar Henr. Arnold	Siegenboge
Johann Jacob Gottfried	Kaupe
Johannes	Lütcke
Johannes	Mellmann
Carl	Louis
Ehefrau	Kromberg
Profeß	Viemann
Johann Eberhard	Fuchtel
Adolph	Kremping
Ehefrau	Schneider, geb. Schaarmann
Gottlieb	Heyder
Witwe	Klemann, geb. Renckhoff
Witwe	Menteler, geb. Schulte
Witwe	Stucht, geb. Eimen
Ehefrau	Lehnhoff, geb. Hoddemann
Witwe	Hüsemann, geb. Höcker
Johann Baptist	Leclerq
Henrich	Westrop
Witwe Anna Catharina	Wiegmann, geb. Leve
Witwe Anna Elis.	Wille
Ehefrau Florentine	(Thomas) Mellmann, geb. Mellinghaus
Philipp	Grosche
Witwe Johann Henr.	Schneider, geb. Kuckelke
H. Joh. Gottfried Tho.	Varnhagen
Ehefrau Hermann	Bäecker, geb. Flasmann
Frans Died. Wilhelm	Hahn, Sohn d. Schullehrers David Henrich Hahn
Ehefrau An. Gerdr. Elis.	Ehefrau (Johann Melchior) Quadbeck, geb. Kaupe
Henrich Adolph	Schmemann, Medicin-Doctor
Adolph	Henninghaus
Anna Margaretha	Lohmann

Vorname	Nachname
Ehefrau Anna Cath.	(Gottfried) Kettschau, geb. Hulsebusch
Witwe Johann	Kruse, geb. Datt
Antonette	Rickers
Gerdrut	Holtkotte, Tochter d. Wilhelm Holtkotte
Witwe Diedrich Hen.	Fiene
Bezirks-Empfänger	Astenroth
Ehefrau Jacob	Holthoff
Ignatius	Felthaus
Ehefrau Johann Hen.	Schneider
Ehefrau Cath. Sibilla	Rappe, geb. Hartmann
Joach.	Möller
Ludwig	Kindler
Jungfer Maria Anton	Jeannelly
Ehefrau Anna Christ.	(Franz) Bröcking
Joh. Wilh. Ludwig Carl	Mallinckrodt, Sohn d. Joh. Friedrich Mal-linckrodt
Ehefrau Margarethe	(Christoph) Rühl, geb. Nottebaum
Caspar Gerhard	Hüstebeck
Witwe Gerdrut	Richter, geb. Diepenbrauck
Jacob	Turmann
Henrich	Schäffer
Casp. Henr.	Quambusch (Messerschmidt)
Wilh. Ado. Henr. Zach.	Nies
Witwe Jacob	Westerhoff, geb. Reinhard
Ferdinand	Mallinckrodt, Sohn d. Kaufmann Theodor Mallinckrodt
Witwe Elisabeth	Schaffmann
Diedrich	Feldmann
Witwe Maria Elis.	(Johann Henr.) Klöpper
Caspar Wilhelm	Giese
Leinweber Diedrich	Haecker
Elisabeth	Strunck, Tochter d. Böttiger Henrich Casp. Friedr. Strunck
Witwe Elisabeth	Schulte, geb. Koch
Gerdrut	Coers
Zimmermann Andreas	Rüping
Gendarme Christ.	Gut

Vorname	Nachname
Ehefrau	Gottschalk, geb. Ostermann
Theodor	Henrich Kloever

Erwachsene, die ohne Gebühren bestattet wurden:

Witwe Helena	(Johannes) Schotte
Tochter der Witwe	Kruckendyik
Diedrich Henrich	Hunsche
Charlotte Louise Wilh.	Pann
Witwe	Prein, geb. Schubbe
Witwe	Steinfurt, geb. Schmitz
Toussoint	Diepard
	Schotte, in der Elende
Anna Maria	Wille, Tochter d. Eberhard Wille
Caspar	Fiene, Sohn d. verstorbenen Maurers Fiene
Cath. Marg.	Corell
Refracteur Wilh. Anton	Frerigmann
Joh. Diedr.	Wiese, Sohn Johann Wiese
Gerhard Henrich	Möller, Arrestant[2]
Veteran Wilhelm	Ziegler
Jacob	Vollmar aus Herborn, Arrestant[3]
Caspar Henrich	Hüsemann aus Hagen, Arrestant[4]
Diedrich	Felsmann
Concierge Wilh. Aug.	Knauff
Johann Henrich	Mercker, Arrestant[5]
Ehefrau Anna Cath.	(Gottfried) Berghaus, geb. Heicker
Aufseher Ludwig	Schulz
Veteran	Knipp
Elisabeth	Nolte

---

2   Laut Sterbeurkunde der Marie Dortmund vom 12.09.1812, aus Osnabrück, 70-jährig.
3   Laut Sterbeurkunde der Marie Dortmund vom 12.10.1812, 70-jährig.
4   Laut Sterbeurkunde der Marie Dortmund vom 12.10.1812, 50-jährig.
5   Laut Sterbeurkunde der Marie Dortmund vom 12.11.1812, aus Bochum, 70-jährig.

Kinder:	Hausname/Eltern:
totgeborenes Kind	Anne Maria Schappe
Joh. Diedr.	Bäcker, Sohn d. Joh. Henr. Bäcker
Wilhelm Ferdinand	Werner
Henriette	Lindemann
Christ. Elisabeth	Schneider, Tochter d. Christ. Schneider
totgeborenes Kind	von Franz Stoltzenhoff & Maria Cath. Wolff
totgeborenes Kind	von Schreiner Henrich Portmann & Anne Cath. Frecking
unehel. totgeb. Kind	von Witwe Diedrich Eberhard Meyerling
Lisette Uttermann,	Tochter d. Uhrmacher Uttermann
totgeborenes Kind	von Schuster Friedrich Rüffert
Cas. Hen. Christoph	Heunecke
ohne Taufe gest. Kind	von Franz Henrich Daber & Sophia Schmemann
Catharina Elisabeth	Siever, Tochter d. Peter Caspar Siever
Anna Cath. Elis.	Schlade, Tochter d. Lucas Schlade
totgeborenes Kind	von Schuster Henr. Reifert & Sophia Engekamp
Wilhelm	Bortner, Sohn d. Anton Bortner
totgeborenes Kind	von Schreiner Johannes Lemberg & Francisca Zimmermann
Johann W.	Westermann, Sohn d. Hen. Westermann
Henrich	Schmitz
Georg	Rühl, Sohn d. Gendarm Adolph Rühl
uneheliches Kind	Carolina Rickus
totgeborenes Kind	von Franz Röttger Mellinghaus & Gerdrut Wilhel. Casperina Lugh
Maria Elisabeth	Welminck, Tochter d. Abraham Wellmünck
Henrich Wilhelm	Uffer
Lisette	Ossenberg, Tochter d. Caspar Henrich Ossenberg
totgeborenes Kind	Adam Wild
Johann Wilhelm	Mallinckrodt, Sohn d. Johann Diedrich Mallinckrodt
totgeborenes Kind	Louise Wengler
totgeborenes Kind	Clara Koch
Philippine Maria Cath.	Ruhl

Kinder:	Hausname/Eltern:
Bernhardine Caro.	Busch, Tochter d. Vieharzt Wilhelm Busch
Catharina	Bremcke
Carolina	Uhlenbrauck
Joh. Cas. Det.	Quabeck, Sohn d. Eber. Died. Quabeck
Carl Leopold	Albrecht, Sohn Sous Cheff d. Jacob Albrecht
totgeborenes Kind	Diedrich Wilhelm Albert
Johann Adolph	Treck, Sohn d. Adolph Treck
Bernh. Carl Ferd.	Mallinckrodt, Sohn d. Municipalrath & Hofrath Mallinckrodt
Wilhelmina	Schmale
Carolina	Wibbalie, Tochter d. Carl Wibbalie
Elisabeth	Sibbe, Tochter d. Carl Henr. Sibbe
Clara Catharina	Middeldorff, Tochter d. D. Middeldorff
Johann Wilhelm	Flatten
Juliane Gerh. Ger.	Leclerq
Johann Henrich	Voß, Sohn d. Clara Voß

Kinder, die ohne Gebühren bestattet wurden:

totgeborenes Kind	Henrich Zacharias Strunck
Wilhelmina	Wald, Tochter d. Martin Wald
Carolina	Haas, Tochter d. Johann Haas
Peter Anton	Köchling
Friedrich	Steip, Sohn d. Veteran Johann Steip
Johann Henrich	Steip
Christian Hen. Eduard	Jansen

Salomine Pins (1880-1944) und ihre Familie

Die jüdische Kaufmanns- und Händlerfamilie Pins im
19. und 20. Jahrhundert, eine Spurensuche in Westfalen,
im Rheinland, in Theresienstadt und Auschwitz

von Jochen Engelhard von Nathusius

Einleitung

Die weitverzweigte jüdische Familie Pins ist, insbesondere durch ihren in West-
falen bekanntesten Nachkommen, den aus Höxter stammenden Maler **Jacob
Pins** (1917–2005), bereits mehrfach Gegenstand der jüdischen Geschichts-,
Sozial- und Familienforschung gewesen. Allgemein heißt es zu dieser Familie:
„Die Ahnen hießen del Pinto und flüchteten Ende des 15. Jahrhunderts vor
der Verfolgung der Inquisition aus Spanien und gelangten um 1700 über die
Niederlande ins Münsterland, wo sie als Viehhändler und Metzger, später auch
als Textilkaufleute tätig waren."[1]

Der vorliegende Aufsatz befasst sich mit einem im Gesamtzusammenhang
bislang unerforschten Zweig der Familie, dabei zurückgreifend auf Ergebnisse
örtlicher Einzelforschungen und eigener weiterführender Recherchen, die zu
einem Gesamtbild zusammengefügt wurden, ohne dass es allerdings gelingen
konnte, alle Details letztgültig zu klären. Die häufigen Wohnortwechsel der
Familie führten dazu, dass bislang in keiner Kommune eine zusammenhän-
gende Familiengeschichte im Zusammenhang mit jüdischer Familienforschung
entstanden ist, da verständlicherweise vorzugsweise die Geschichte von
lange vor Ort lebenden Familien nachgezeichnet wurde und nur kurz vor Ort
anwesenden Familien weniger Beachtung geschenkt wurde. Zudem fehlen für
kleinere Orte Einwohnermelderegister aus dem 19. Jahrhundert und die hier
skizzierte kinderreiche Familie, deren Oberhaupt als Händler, wahrscheinlich
„in Lumpen und Alteisen" unterwegs war, dürfte nicht nur als Judenfamilie, zu
den Außenseitern der Bürgerschaft gehört haben.

Der Verfasser stieß durch Zufall auf eine Spur der Familie auch in der Kleinstadt Fröndenberg an der mittleren Ruhr, ohne dass es bislang bekannt war,
dass Angehörige der Familie Pins hier ansässig gewesen waren, denn die kurze
Phase der Anwesenheit reichte nicht aus, um Spuren in Form von Hochzeits-,
Geburts- oder Sterbeeinträge zu hinterlassen. Einwohnerregister vor 1930/35
fehlen im Stadtarchiv völlig. Lediglich ein Eintrag im Schülerhauptverzeichnis

---

1   Quelle: Jacob-Pins-Gesellschaft, hier: Familiengeschichte unter:
     http://www.jacob-pins.de/?article_id=34&clang=0

der evangelischen Volksschule2 war die Basis für eine weitere Suche, die dann erstaunlich vielfältige, interessante wie auch tragische Momente zu Tage förderte.

Dokumentiert im genannten Verzeichnis wurde der Schulbesuch der am 29. Mai 1880 in Bork geborenen **Salomine Pins** vom Mai 1886 bis Februar 1887. Als deren Eltern werden der jüdische Handelsmann **Levy Pins** und dessen Ehefrau **Rika Pins, geborene Rosenberg** angegeben. Ein genauer Wohnplatz der Eltern wurde, wie bei allen Schülern, nicht angegeben, lediglich die politische Gemeinde Stift Fröndenberg. So ist anzunehmen, dass die Familie in der kurzen Zeit ihres Aufenthaltes in diesem Bereich oder am Himmelmannplatz in der heutigen Innenstadt lebte. Hier wohnten einige alteingesessene jüdische Familien in zum Teil recht großen Anwesen, bzw. Anwesen mit Nebengebäuden, die eventuell an andere jüdische Familien untervermietet wurden.

Hauptschülerverzeichnis der ev. Schule Fröndenberg: Salomine Pins

Spannend wäre zwar im Weiteren die Darstellung der Familiengeschichte entlang der „Chronik der Spurensuche" 2013/2014 gewesen; jedoch erscheint es sinnvoller, der „klassischen Chronologie" den Vorzug zu geben und zunächst auf die Herkunft der Großeltern und Eltern einzugehen, danach den Geschwistern der Salomine und zuletzt den Spuren von deren eigener Familie zu folgen.

Die Vorfahren

Die Vorfahren väterlicherseits stammten aus dem Münsterland. *Urgroßeltern* waren **Levi Pins** (1770–1824) und **Sara, geb. Nathan**. Das Ehepaar lebte (wahrscheinlich) in Olfen, die Vorfahren stammten aus Dülmen, wo bereits der

---

2   Ermittelt durch den Vorsitzenden des Fröndenberger Heimatvereins **Rainer Ströwer**; das Schülerverzeichnis befindet sich im Besitz des Heimatvereins mit Sitz im historischen Fröndenberger Stiftsgebäudes am Kirchplatz, wo sich das durch den Verein betriebene Museum befindet.

Vorfahre Benedikt Joseph 1705 in Wechselangelegenheiten genannt wurde. Levis Vater Joseph Isaac Benedikt Pins (Salomines *Ur-Urgroßvater*) erhielt 1773 einen Geleitbrief für Olfen.

Levi und Sara Pins hatten acht Kinder, darunter Salomines *Großvater* **Philipp Levy Pins** (9. November 1807 – 26. Juni 1892), Uhrmacher und Händler, nachgewiesen als Bürger in <u>Dülmen</u> in der Münsterstraße 18. Er war in 1. Ehe verheiratet (24. August 1840) mit **Eva Abraham** (21. Mai 1800 – 30. April 1847) aus dem hessischen <u>Gelnhausen</u> im Kinzigtal gelegen. In zweiter Ehe war er verheiratet (10. Februar 1848) mit **Caroline Haas** (3. März 1816 – ?) aus <u>Borken</u>. Caroline entstammte einer dort alteingesessenen Familie, zuletzt Inhaber eines Holz- und Furnierhandels. Ende des 19. Jahrhunderts war ein Angehöriger der Familie Vorsteher der Synagogengemeinde, die bereits seit 1819 über ein Gotteshaus verfügte.

Während Kinder der ersten Ehe (bisher nach Kenntnisstand des Verfassers) nicht überliefert sind, hatten Philipp und seine zweite Ehefrau Caroline fünf Kinder, die zwischen 1849 und 1859 geboren wurden, darunter Salomines *Vater* **Levy Pins** (<u>Dülmen</u> 7. April 1854 – 17. März 1930 <u>Duisburg</u>). Während er somit ein hohes Alter erreichte, verstarben seine drei Brüder bereits im letzten Drittel des 19. Jahrhunderts; das Todesjahr der einzigen Schwester (geboren 1849) konnte bislang nicht ermittelt werden.[3]

Salomines Vater **Levy Pins** heiratete zu einem noch unbekannten Zeitpunkt und noch unbekanntem Ort (im Geburtsort seiner Ehefrau?) in erster Ehe **Helene Benjamin**. Diese stammte aus <u>Horn</u> (Horn-Bad Meinberg) im heutigen Kreis Lippe und wurde dort 1852 oder 1853 geboren als Tochter des **Seligmann Benjamin** und dessen Ehefrau **Sara, geb. Bendix**.[4]

---

3   Alle Angaben zu den Vorfahren der Salomine entstammen den Forschungen von **Frau Gertrud Althoff** in Rheine, Verfasserin der grundlegenden Forschungsarbeit „Geschichte der Juden in Olfen – Jüdisches Leben im katholischen Milieu einer Kleinstadt im Münsterland" (= Geschichte und Leben der Juden in Westfalen, 4), Münster 2000. Frau Althoff stellte dem Verfasser dankenswerterweise ihre Aufzeichnungen zur Verfügung, die weit über das gedruckte Material hinausreichen und in wesentlichen Teilen den Beständen des Staatsarchives Münster entstammen, zum Teil auch den Aufzeichnungen der „Oral History" überlebender Familienangehöriger.

4   Zur **Familie Benjamin in Horn** konnte bislang wenig ermittelt werden. In einem grundlegenden Aufsatz zur Geschichte der Juden in <u>Horn</u> von **Diana van Fassen** (Jüdisches Leben in Horn vom Spätmittelalter bis zur Zeit der Weimarer Republik, in: Buchner, Jens: Stadtgeschichte Horn 1248-1998, Horn-Bad Meinberg 1997, S. 482-513) wird eine Familie Benjamin nicht erwähnt. Verstreute Quellen ergeben folgende Befunde: Helene Benjamin hatte eine Schwester **Sophie Benjamin** und einen in Horn geborenen Bruder. Der Grabstein der Schwester befindet sich auf dem jüdischen Friedhof in <u>Duisburg-Beeck</u>. Einer Dokumentation zum Friedhof ist zu entnehmen, dass Sophie am 29. November 1859 in Horn als Tochter des Viehhändlers Selig Benjamin und der Dora, geb. Bendix geboren wurde. Am 7. Oktober 1885 heiratete sie **August Jülich** (1857–1935), der nach ihrem Tod am 2. Juni 1897 die nebenliegende Grabstelle für sich erwarb. Jedoch heiratete er erneut und wurde an der Seite seiner zweiten Ehefrau auf dem Duisburger Waldfriedhof beigesetzt; die Grabstelle neben seiner ersten Ehefrau blieb unbelegt. Der ersten Ehe entstammten drei Kinder, u. a. der spätere Arzt Dr.

Helene Pins, geb. Benjamin verstarb am 12. Juni 1883 in Holzwickede „im Alter von 30 Jahren" laut Sterberegister des Standesamtes Aplerbeck, zuständig für Holzwickede (StA Aplerbeck, Sterberegister 1883, Nr. 209).

Zwischen Juni 1883 und dem ab Mai 1886 dokumentierten Schulbesuch der Tochter Salomine in Fröndenberg (wie o.a. wird hier als Mutter Rika, geb. Rosenberg angegeben), muss Levy Pins zum zweiten Male geheiratet haben. Die Ehefrau **Rika Rosenberg** wurde am 10. September 1849 in Belecke geboren und verstarb Anfang September 1919 in Duisburg; überliefert ist die Beisetzung dort am 5. September 1919.5

Folgend soll den Spuren der Kinder aus beiden Ehen nachgegangen werden.

Die Kinder von Levy Pins aus seinen beiden Ehen:
Als wahrscheinlich ältestes Kind wurde am 29. Mai 1880 die Tochter Salomine Pins in Bork geboren. Zu ihrem weiteren Leben siehe das nächste Kapitel.

Nach dem, außer durch die Geburt der Tochter, nicht näher bekannten Aufenthalt und seinen z.B. beruflichen Umständen in Bork siedelte die Familie nach Lünen über.

Dort wurde am 8. September 1881 die zweite Tochter **Adele Pins** geboren, die 1883 am 18. Oktober in Holzwickede „im Alter von 2 Jahren, 1 Monat und 11 Tagen" verstarb (StA Aplerbeck, Sterberegister 1883, Nummer 326).

In Holzwickede, der nächsten Lebensstation der Familie, wurde am 12. Juni 1883 als nächstes Kind der Sohn **Hermann Pins** geboren, der bereits am 6. April 1884 ebd. wieder verstarb (StA Aplerbeck Geburtsregister 1883, Nummer 357, bzw. Sterberegister 1884, Nummer 100). Bei der Geburt von Hermann verstarb Levys erste Ehefrau Helene, geb. Benjamin wie bereits weiter oben erwähnt.

Walter Jülich, Mitglied im Reichsbund jüdischer Frontsoldaten und Präsident der Duisburger Loge zur Treue. 1939 gelang ihm mit seiner Familie die Flucht in die USA. Quelle: http://www. steimheim-institut.de/cgi-bin/epidat?function=Ins&sel= du1&inv=0009&lang=nl.

Helenes Bruder war **Benjamin Benjamin** (Geburtsdatum nicht bekannt), verheiratet mit **Johanna Isaakson**. Zu diesem Ehepaar führt eine Spur über die Dokumentation der Stolpersteine in Bremen, da deren Sohn **Erich Benjamin**, 1894 noch in Horn geboren, in Bremen durch die Verfolgungen in der NS-Zeit in den Selbstmord getrieben wurde – seine Ehefrau und der 1935 geborene Sohn wurden 1944 in Auschwitz ermordet. Da Erich Benjamin noch in Horn geboren wurde, ist anzunehmen, dass sein Vater den Viehhandel seines Vaters übernommen hatte, während Erich Firmenteilhaber in Bremen wurde. Quelle: http://www. stolpersteine-bremen.de/detail.php?id=469.

Eine Schwester von Erich könnte die in Horn am 22. August 1891 geborene **Marta Benjamin** gewesen sein, die als Ehefrau Marta Zaudy 1942 von Berlin nach Theresienstadt deportiert und in Auschwitz ermordet wurde. Quelle: Datenbank Yad Vashem unter: http://db.yadvashem. org/names/nameDetails.html?itemId=4141300& language=de.

Die jüngste Schwester (oder Kusine?) von Erich könnte die in Horn geborene Ida Benjamin gewesen sein, die in Höxter in die Familie Lipper einheiratete und Großmutter des genannten Höxteraner Künstlers Jacob Pins war, dessen Vater Dr. Leo Pins 1884 in Dülmen geboren wurde.

5   Nachgewiesen in: VOGEDES, Rita / VON RODEN, Günter: Geschichte der Duisburger Juden, Teil II (= Duisburger Forschungen, 34), Duisburg 1986. Auch weitere Duisburger Angaben im weiteren Verlauf des Artikels entstammen dieser Quelle.

Von Holzwickede aus muss Levy Pins als Witwer mit der Tochter Salomine oder bereits als Wiederverheirateter mit seiner zweiten Ehefrau und Tochter nach Unna gezogen sein.

Dort wurde am 8. Oktober 1885 (StA Unna, Geburtsregister 1885, Nummer 279) die Tochter **Helene Pins** geboren. Helene heiratete Adolf Artur Lachmann; das Ehepaar lebte bis Ende der 1930er Jahre in (Wuppertal-)Barmen. Der Ehemann war am 11. Juni 1885 in Klein-Dammer in der Neumark (Neubrandenburg) östlich der Oder im Kreis Züllichau-Schwiebus geboren worden und erlernte den Schneiderberuf.6 Er war Weltkriegsteilnehmer und Träger des EK II. Etwa ab Kriegsbeginn im Herbst 1939 lebte das Ehepaar in Düsseldorf, und im Zuge des Novemberpogroms 1938 war Artur Lachmann mehrere Wochen im KZ Dachau interniert. Von Düsseldorf aus wurde das Ehepaar am 27. Oktober 1941 nach Lodz deportiert und im Zuge der Ghetto-Räumung für weitere Deportationen am 1. September 1942 im Vernichtungslager Kulmhof/Chelmno ermordet.7

Zusammen mit Helene, der älteren Schwester Salomine und der zweiten Ehefrau begann etwa im Mai 1886 der kurze Aufenthalt der Familie in Fröndenberg und 1887 der Zuzug nach Menden. Dort wurde am 14. Oktober 1887 die Tochter **Hermine Pins** geboren. Zu deren weiterem Leben fehlen bislang exakte Quellen. Sie könnte jedoch identisch sein mit jener Hermine Pins, die 1907 in einer Bevölkerungsstatistik von Aplerbeck als Lehrmädchen mit der Adresse Chaussee 32 genannt wird.8

Von Menden aus zog die Familie Pins, nunmehr mit drei Töchtern (Salomine, Helene und Hermine) nach Iserlohn und wurde dort am 7. November 1888 in das Melderegister eingetragen. Bis 1890 erfolgten innerhalb Iserlohns zwei Umzüge und im Mai 1891 die Abmeldung nach Warstein. Wie nicht anders zu erwarten, wurde die Familie wieder einmal „aktenkundig" im Iserlohner Standesamt durch die Geburt eines Kindes.

---

6   Noch eine Bemerkung zu Klein-Dammer: Ebenfalls aus diesem 280-Einwohner-Dorf rechts der Oder stammte die 1902 geborene **Elisabeth Lupka** (hingerichtet in Warschau 1949), die als KZ-Aufseherin verantwortlich war für Selektionen, Grausamkeiten und Misshandlungen in den Lagern Ravensbrück und Auschwitz-Birkenau.

7   Quelle: http://www.gedenkbuch-wuppertal.de/de/person/lachmann.

8   Ein interessanter Hinweis zur damaligen Chausseestraße in Aplerbeck findet sich unter http://www.aplerbeck-damals.de/wordpress/wp-content/uploads/2013/09/19141915Sparkasse.pdf zur Geschichte des Sparkassenneubaus 1914/1915 auf dem Grundstück Chausee 31, welches von der politischen Gemeinde bereits 1905 dem jüdischen Metzger Samuel Stern abgekauft worden war, ursprünglich vorgesehen für den Neubau eines Amtsgerichtsgebäudes, der aber nicht verwirklicht wurde. Hatte Samuel Stern seinen Betrieb nach dem Verkauf 1905 in Nummer 32 verlegt und lernte bei ihm eventuell Hermine Pins? Bereits 1868 wird Samuel Stern bei der Geburt einer Tochter als Pferdehändler genannt, verheiratet mit Lina, geb. Rosenthal, die 1912 verstarb (Quelle dazu auch: Noczynski, Wolfgang: Die jüdische Gemeinde im Amt Aplerbeck 1855-1945, Aplerbeck 1986).

Am 22. August 1889 wurde der Sohn **Alfred Pins** geboren (StA Iserlohn, Geburtsregister 1889, Nummer 504). Als sein Vater die Geburt meldete, war er dort nicht bekannt, wurde aber anerkannt durch den ihn begleitenden Handelsmann August Kessler.

Wie seine Schwester Helene erreichte Alfred erfreulicherweise das Erwachsenenalter, andererseits geriet er damit natürlich in die Verfolgungsmaschinerie des NS-Staates. Zunächst Lokomotivführer, wurde er später (zwangsweise?) Altwarenhändler. In erster Ehe heiratete er die 1889 in Mehlem bei Köln geborene **Jenny NN**, die 1939 verstarb.

In zweiter Ehe heiratete er noch 1940 die 1894 in Niederzissen bei Koblenz geborene **Rosalie Berger** und bewohnte mit ihr bis 1941 ein eigenes Haus in Troisdorf bei Köln. Letzter Wohnort ist das „Judenhaus" in der Bergstraße. Am 27. Juli 1942 wurde das Ehepaar nach Theresienstadt deportiert und mit großer Wahrscheinlichkeit 1944 in Auschwitz ermordet. Per Beschluss des Amtsgerichts Siegburg vom 30. März 1951 (Aktenzeichen 7 III 183-184/50) wurde der Ehemann zum amtlich festgesetzten Zeitpunkt 8.5.1945 für tot erklärt.

„(…) In dem alten Fachwerkhaus der Sommers an der Bergstrasse 17 sitzen die Eheleute Pins am Abendtisch (*26. Juli 1942*). Es ist gespenstisch ruhig, seitdem die anderen Bewohner vor vier Tagen das überfüllte Haus verlassen mussten. Alfred und Rosalie sind die letzten Juden, die noch in Troisdorf wohnen (wenn man von zwei mit „Ariern" verheirateten Jüdinnen absieht) – noch. Denn auf dem Tisch liegt bedrohlich ein Rundschreiben der Reichsvereinigung der Juden: Sie kennen den Text fast auswendig: „Im Auftrag der Gestapo Köln teilen wir Ihnen mit, dass Sie sich für einen Abwanderungstransport ab 25.7.1942 zur Verfügung zu stellen haben ..." Zwei eng getippte Seiten hat das vervielfältigte Merkblatt, wie das der Sommers und Neumanns und Wolfs. Mit ihnen waren sie vor etwa 2 Wochen alle Punkte durchgegangen: „An Gepäck dürfen mitgenommen werden: 1 Koffer und 1 Bettsack in der Grösse von circa 70 cm Breite und ca. 40 cm Höhe", und „1 Essbesteck und 1 Essnapf ist unbedingt mitzunehmen." Verbittert hatten sie damals gelacht: Viel mehr als diese „Essnapf" besassen sie ja auch nicht mehr – das Porzellan war nach und nach verkauft worden, z. B. an die Käthe, die im Vergleich zu anderen aus der Nachbarschaft noch viel dafür gegeben hat. „Jeder Transportteilnehmer hat RM 50,- zum Gestellungsort mitzubringen." Na ja, gut, dass Alfred noch Arbeit hat bei der Firma F. in Spich. Wenn auch der Lohn unverschämt niedrig ist, die Summe kriegen sie noch zusammen. „Wertsachen jeder Art, Gold, Silber, Platin, mit Ausnahme der Eheringe, sind zum Gestellungsort mitzubringen." Was die sich eigentlich denken bei der Reichsvereinigung? Als ob sie noch Geld übrig hätten – oder gar Gold und Platin? Rosalie ist froh, wenn sie nachmittags auf ihre wenigen Lebensmittelkarten beim Lebensmittelhändler Westerhoff noch etwas bekommt. Denn Alfred muss schwer arbeiten. Seit einigen Wochen bekam er auch keine Raucherkarten mehr, auch die Eierkarten gab es plötzlich für Juden nicht mehr. Quälend war natürlich die Ungewissheit, wohin die Fahrt gehen sollte: Das hatte ihnen die RV nicht geschrieben. Aber nun war wenigstens das Warten zu Ende. Vielleicht gab es, dachte Alfred, für sie, die letzten aus Troisdorf, im Osten einen neuen Anfang? [...] Alfred und Rosalie Pins werden nach Theresienstadt verschleppt; dort wohnen sie in der „Bahnhofstrasse 11". Im Februar 1943 bedankt sich Emanuel Goldschmidt, früher ein führendes Mitglied der jüdischen Gemeinde Dortmund, in seinem letzten Willen für die Hilfe während seiner Krankheit bei einer „Familie Pins" und vermacht ihr seinen Ehering. Die letzte Postkarte von (Alfred) Pins an die Troisdorfer Familie B. ist vom 4. Mai 1944. Es ist zugleich das letzte Lebenszeichen der Pins."9

Alfred Pins hatte aus seiner ersten Ehe zwei Kinder, die in (Duisburg-)Meiderich geboren wurden. Der Sohn **Ludwig Pins**, geboren 1914, konnte über die Niederlande nach Kolumbien entkommen und verstarb 1987 in den USA. Die Tochter **Johanna Pins**, geboren 1917, heiratete 1938 in Troisdorf Arthur Hirsch und lebte mit ihm in Dortmund. Das weitere Schicksal des Ehepaares konnte bislang, auch von der akribischen Troisdorfer Zeitgeschichtsforschung, nicht geklärt werden.

Über den Aufenthalt der Familie Pins in Warstein liegen keine Informationen vor. Spätestens im Frühjahr 1893 jedoch erfolgte er erneuter Zuzug nach Unna, denn am 25. Mai 1893 wurde dort **Max Pins** geboren (StA Unna, Geburtsregister 1893, Nummer 223). Ebenfalls in Unna wurde als jüngstes Kind von Levy und seiner zweiten Ehefrau am 16. September 1895 (StA Unna, Geburtsregister 1895, Nummer 377) der Sohn **Albert Pins** geboren.

Albert blieb unverheiratet, da er am 11. November 1917 in Flandern als Angehöriger der Minenwerferkompanie 160 unter Oberbefehl von Generalmajor Konrad Graf von Moltke bei Langemarck-Poelkappelle für Kaiser und Vaterland fiel und seine letzte Ruhestätte auf dem Kriegsgräberfriedhof in Hooglede/ Belgien fand; Grab-Nummer 6.858.10

Max Pins heiratete die am 27. Januar 1894 in Trier geborene **Frieda Simon**. Ihnen gelang mit dem 1926 in Duisburg geborenen Sohn **Arnulf** 1936 die Flucht nach Palästina und weiter in die USA.

Zum weiteren Leben des Levy Pins:
1910 zogen Levy Pins, seine Ehefrau und die jüngsten Kinder von Unna nach Duisburg. Beim Zuzug wurde sein Beruf als Händler mit Rohprodukten angegeben, wahrscheinlich eine etwas vornehmere Bezeichnung für den Handel mit Lumpen und Alteisen? Wie bereits erwähnt, verstarb dort 1919 die Ehefrau Rika, geb. Rosenberg.

---

9   Zitiert nach: „Reichskristallnacht" – der Anfang vom Ende auch der Troisdorfer Juden / Von denen, die blieben, überlebte keiner (General-Anzeiger Bonn/Rhein-Sieg, 10.11.1984), Text von **Norbert Floerken**. Abrufbar unter: http://www.floerken.de/texte/ueberlebt.htm.
10   Quelle hierzu: http://denkmalprojekt.org/2010/vl_1_westf_pio-bat_nr_7_MW_wk1.htm.

In dritter Ehe heiratete Levy in Duisburg 1923 die am 19. März 1880 in Dortmund geborene **Berta Süskind** (StA Dortmund I, Geburtsregister 1880, Nummer 713), Tochter des Anstreichers Isaak Süskind und der Sara, geb. Wolf, geboren in der elterlichen Wohnung in der Aachener Straße 11.

Levy Pins verstarb am 17. März 1930 kurz vor Vollendung seines 76. Lebensjahres, zuletzt wohnhaft in der Musfeldstraße 9. Zuvor lebte er ab 1912 in der Koloniestraße 161 und um 1919 in der Diesterwegstraße 12.

Recherchen in Duisburg ergaben die Tätigkeit von Levy als Händler mit Wurstwaren 1924-1930 und von seiner Witwe als Händlerin mit Seife von 1931-1935. Als Wohnungen sind 1932 die Kammerstraße 86 und 1939 die Universitätsstraße 130 bekannt.[11]

Am 22. April 1942 wurde Berta Pins, geborene Süskind mit dem Transport „Da 52" in das Durchgangslager Izbica/Distrikt Lublin deportiert, wo sich ihre Spur verliert.

Von dort aus wurden in aller Regel die Ankommenden weitergeleitet in eines der Vernichtungslager wie Sobibor oder Belzec, seltener in das Vernichtungslader Majdanek oder das weiter nördlich gelegene Treblinka; Orte des Schreckens in denen alleine 1942 über eine Million Juden aus ganz Europa ermordet wurden, verhungerten oder der „Vernichtung durch Arbeit" anheimfielen.

Salomine Pins und ihre Familie:

Erschreckend wenig an Informationen konnte bisher zum Leben der Salomine ermittelt werden; nur relativ Genaues über ihren Tod. Wahrscheinlich lebte sie wenigstens bis zu ihrem 14. Lebensjahr und Schulabschluss Ostern 1900 bei ihren Eltern, d. h. in Fröndenberg, Menden, Iserlohn, Warstein und Unna. In der Familie erlebte sie die Geburt ihrer jüngeren Geschwister und wird wie viele Mädchen ihrer Generation als „Älteste" oft zur Hilfe ihrer Mutter im Haushalt und der Geschwisterbetreuung herangezogen worden sein. Ob und wo sie danach „in Stellung" lebte, ist noch unklar. Vor 1906, vielleicht am damaligen Wohnort Unna ihrer Eltern, heiratete sie den Kohlenhauer und Transportarbeiter **Albert Rosenthal**, geboren in (Dortmund-)Dorstfeld am 13. September 1872. Sechs Kinder wurden dem Ehepaar zwischen 1906 und 1920 geboren. Die vier älteren Kinder kamen im kurzen Abstand in Lünen-Brambauer zur Welt, die zwei jüngeren mit einem gewissen Abstand 1915 und 1920 dann in Dortmund.

---

11 Die Universitätsstraße war seit dem 19. Jahrhundert das Zentrum des jüdischen Lebens in Duisburg; hier stand die Synagoge. Das Haus Nr. 130 könnte ein sogenanntes Judenhaus gewesen sein. In solche Häuser wurden besonders nach dem Pogrom 1938 überall in Deutschland noch hier wohnende jüdische Familien oder Einzelpersonen „konzentriert" untergebracht zwecks besserer Überwachung, nach außen hin dargestellt als Schutz der „Arier" und Volksgenossen, denen man ein Tür-an-Tür-Wohnen mit Juden nicht mehr zumuten könne. Bevorzugte Wohnlagen jüdischer wohlhabender Familien waren begehrte Objekte – in andere jüdische Wohnungen wurden obdachlose oder kinderreiche oder ausgebombte Familien eingewiesen. In Fröndenberg existierte ein solches „Mini-Ghetto" im Haus Kirchplatz 4 bis zur endgültigen Deportation der noch verbliebenen Juden.

Zusammen mit ihrem Ehemann wurde Salomine am 30. Juli 1942 mit dem Transport X/1 nach Theresienstadt deportiert. Die Eheleute unter den Transportnummern 243 und 244. Ihre letzte Wohnung lag in der Ostermärschstraße 15. Mit Transport Ev wurden sie per 28. Oktober 1944 nach Auschwitz deportiert und wahrscheinlich beide auf Grund ihres Alters sofort nach ihrer Ankunft ermordet.12

Zu den Kindern im Einzelnen:

Henriette Erna Rosenthal wurde am 23. Juni 1906 geboren und heiratete in Duisburg am 11. Juli 1929 den Schneider **Mordka Abramowicz**, geboren am 30. Dezember 1898 in Zgierz bei Lodz, zugezogen nach Duisburg aus Berlin. Trauzeugen waren Ernas Vater sowie ihr Onkel **Max Pins**. Vor ihrer Heirat war Erna Rosenthal als Verkäuferin tätig.

Im November 1938 flüchtete das Ehepaar in die Niederlande und wurde 1944 in das Durchgangslager Westerbork eingeliefert. Dies kam zu 95% einem Todesurteil gleich, da von dort seit etwa 1942 alle vierzehn Tage ein Transport in die Vernichtungslager Südpolens abging in Verwirklichung der sogenannten „Endlösung der Judenfrage", beschlossen auf der berüchtigten „Wannseekonferenz" unter Leitung von Reinhard Heydrich und Adolf Eichmann und hohen Beamten der Ministerialbürokratie des NS-Staates.

Erna, in Westerbork eingeliefert im Januar 1944, wurde am 3. März 1944 nach Auschwitz deportiert, ihr Ehemann soll am 25. März 1945 im KZ Buchenwald umgekommen sein. Ob er direkt dorthin kam oder auf dem Umweg über Auschwitz als Arbeitshäftling oder im Zuge der „Todesmärsche" ab Januar 1945 von Auschwitz in westliche Konzentrationslager, ist ungewiss. Durch Beschluss des Duisburger Amtsgerichtes (Aktenzeichen 13 II 18/60) vom 2. Mai 1960 wurde Erna Abramowicz für tot erklärt. Kinder des Ehepaares sind nicht bekannt.

Elfriede Hildegard Rosenthal wurde am 6. August 1907 (StA Eving, Geburtsregister 1907, Nummer 778) geboren und heiratete ohne Angabe eines erlernten Berufes am 5. Oktober 1933 in Troisdorf (StA Troisdorf, Heiratsregister 1933, Nummer 80) den Handelsvertreter **Arthur Meier**, geboren am 11. Juni 1901 in Troisdorf als Sohn der Eheleute Metzger **Emanuel Meier** (geboren 1871) und der **Regina, geb. Sommer** (geboren 1871 ebenfalls in Troisdorf). Trauzeugen waren der Vater des Bräutigams **Emanuel Meier** und der Onkel der Braut, der dem Leser bereits bekannte Rohproduktenhändler **Alfred Pins**.

Die genannten Eheleute Emanuel und Regina Meier wurden 1941 zusammen mit ihrem Enkel **Günther Meier** (Sohn von Arthur Meiers Bruder Josef) im ehemaligen RAD-Lager in Much inhaftiert, wo Emanuel Meier einundsiebzigjährig verstarb. Seine Ehefrau und der Enkelsohn wurden von Köln-Deutz nach Minsk deportiert und wahrscheinlich – wie die meisten dorthin verschleppten Juden – im

---

12 Quelle: Gedenkblatt Yad Vashem und Häftlingslisten des Lagers Theresienstadt, Terezinska pametnis kniha/Theresienstädter Gedenkbuch, Institut Theresienstädter Initiative, Band I-II: Melantrich, Praha (Prag) 1995; Band III: Academia, Praha 2000.

Nr. 86

Bork am 31 Mai 1880

Vor dem unterzeichneten Standesbeamten erschien heute, der Persönlichkeit nach _____ bekannt,

der Kaufmann Levi Pins

wohnhaft zu Bork dorf

jüdischer Religion, und zeigte an, daß von der

Johanna Benjamen einer Ehefrau

jüdischer Religion,

wohnhaft zu Bork

zu Bork

am neun und zwanzig ten Mai des Jahres tausend acht hundert achtzig, und zwar Morgens 3 um _____ Uhr ein Kind weiblichen Geschlechts geboren worden sei, welches den Vornamen

Salomina

erhalten habe

Vorgelesen, genehmigt und unterschrieben
Levi Pins

Der Standesbeamte.

Bork, den 21. Janu...
Gemäß § 2 der 2. Verord...
zur Durchführung des Ges...
über die Änderung von ...
namen und Vornam...
vom 17. August 1938 fa...
Kennzeichen mit...
vom 9. Januar 1939 ...
Wirkung vom 1. Jan...
als zusätzlich den ...
Vornamen „Sara" ...
nommen.
der Standesbea...
Lücke-Wolf

der Rand vermerk ...
21. Januar 1939 über d...
zusätzlichen Vornamen
„Sara" wird hiermit
märz 36 Akt. 13. ...
... 16.2.48
...
Bork, den 17. Septemb...
der Standesbeamten:
Lücke-Wolf

Eintrag Geburtsregister Bork 1880, Pins, Salomine

Lager Maly Trostinec an offenen Gruben erschossen. Günthers Vater überlebte in England, seine von ihm bereits 1935 geschiedene Ehefrau wurde aus den Niederlanden am 4. März 1943 nach Sobibor verschleppt und dort ermordet.13

Elfriede Hildegard Meier, geb. Rosenthal zog 1934 nach ihrer Verheiratung mit ihrem Ehemann nach Köln. Durch Flucht nach Palästina überlebten beide und kehrten nach Deutschland zurück; Ehemann Arthur arbeitete als Textilkaufmann. Elfriede Hildegard verstarb am 30. Dezember 1980 in Bad Kissingen (StA Bad Kissingen, Sterberegister 1980, Nummer 596), ihr Ehemann am 13. Oktober 1982 in Dortmund-Brakel (StA Dortmund-Brakel, Sterberegister 1982, Nummer 520). Nachkommen des Ehepaares sind unbekannt.

Wie die meisten jüdischen Ehepaare, die noch nach dem Januar 1933 heirateten, werden die Eheleute Meier ganz bewusst auf Nachwuchs verzichtet haben, da sie in aller Regel weitsichtiger und vorausschauender auf den beginnenden NS-Terror reagierten als ihre Elterngeneration, die bis 1938/1939 noch geglaubt hatten, alles „werde schon nicht so schlimm werden". Es ist allerdings nicht auszuschließen, dass die Eheleute Meier eventuell Kinder in Palästina zurückließen, als sie sich in den 1960er Jahren entschlossen, wieder nach Deutschland zurück zu kehren.

Als drittes Kind von Salomine und Albert Rosenthal wurde am 18. Oktober 1908 **Helena Greta Rosenthal** geboren. Sie blieb unverheiratet, war von Beruf Handelsvertreterin und wurde zusammen mit ihren Eltern (siehe dort) nach Theresienstadt deportiert. Am 29. Januar 1943 wurde sie mit Transport Ct Zug Da 107 in das Vernichtungslager Auschwitz-Birkenau transportiert und dort sofort oder nach erschöpfender Zwangsarbeit vor Auflösung des Lagers ermordet.14

Viertes Kind war **Karoline Rosenthal**, geboren am 10. September 1911, von Beruf Verkäuferin und von Köln 1942 nach Minsk deportiert. Per 31.12.1945 wurde sie für tot erklärt. 1938 hatte sie in Köln (StA Köln III, Heiratsregister 1938, Nummer 480) den Schlosser **Erich Cerf** geheiratet, geboren am 28. August 1909 in Köln. Er wurde zusammen mit seiner Ehefrau deportiert, ebenso sein alleinstehender Bruder Max Cerf.

Fünftes Kind war **Emmi/Emmy Rosenthal**, geboren am 31. Oktober 1915 in Dortmund und von Beruf Kontoristin. Sie heiratete am 29. Dezember 1938(!) den am 16. Oktober 1903 in Aplerbeck geborenen **Walter Andres**. Zunächst Schneider, war Walter Andres später Sporttrainer. Am 20. Dezember 1938, wenige Tage vor der Hochzeit, meldete er sich nach Landsweiler im Saarland

---

13   Wichtige Quellen für Köln und Troisdorf: Corbach, Dieter: „6:00 Uhr ab Messe Köln-Deutz", Deportationen 1938-1945, Köln 1999; und für Troisdorf: Floerken, Norbert: Quellen zur Geschichte Troisdorfs in 3. Reich, Troisdorf 1986.

14   Quelle: Datenbank Yad Vashem http://db.yadvashem.org/names/nameDetails.html?itemId= 1356283&language=de#!prettyPhoto.

ab. Ob dort auch die Hochzeit stattfand oder ob geplant war, von dort in das nahe Luxemburg oder Frankreich zu emigrieren? Noch unverheiratet zog Emmi Rosenthal per 18. Januar 1937 von Dortmund nach Köln; 1941 wohnte sie wieder (als Ehefrau Andres) in Dortmund, Stiftsstraße 21.

Am 27. Februar 1942 wurde das Ehepaar von Dortmund nach Riga deportiert. Am 1. Oktober 1944 erfolgte die weitere Verschleppung in das KZ Stutthof und im April ein Schiffstransport von dort auf der Ostsee in Richtung Westen, auf dem der Ehemann verhungerte.

Die Ehefrau überlebte und emigrierte in die USA, wo sie eine zweite Ehe einging und noch in den 1980er Jahren in New Jersey lebte.15

Sechstes und jüngstes Kind war **Hans Rosenthal**, geboren am 14. Dezember 1920 in Dortmund und 1961 in Israel lebend. Weiteres zu ihm konnte nicht ermittelt werden; wichtig und wertvoll waren und sind seine Angaben zu seinen ermordeten Geschwistern, die er der Forschungsstelle Yad Vashem zur Verfügung stellte, wenngleich einige seiner dort veröffentlichten Daten abweichen von vorliegenden Geburts- und Hochzeitseinträgen diverser Standesämter.

Fazit

Es ist erstaunlich, dass trotz aller Verwerfungen der deutschen Geschichte in den letzten 150 Jahren relativ genau der äußere Lebensweg dieser jüdischen Familie, beginnend mit Salomines Urgroßeltern Ende des 18. Jahrhunderts bis in die Zeit der NS-Verfolgung nachgezeichnet werden kann. Gerade weil es sich um eine kleinbürgerliche „Allerweltsfamilie" handelte, die in keinerlei Weise politisch, gesellschaftlich oder künstlerisch hervortrat. Allerdings fehlt der „innere" Lebensweg der Familienangehörigen, es fehlen so wichtige Primärquellen wie Fotos oder persönliche Briefe. Vieles kann nur „zwischen den Zeilen", zwischen den oft dürr daherkommenden Jahreszahlen vermutet werden.

Deutlich wird immerhin der soziale Aufstieg aus der abgeschlossenen jüdischen Welt der allenfalls geduldeten „Geleitjuden" des 18. Jahrhunderts hin zu kleinbürgerlicher „normaler" Existenz vollgültiger Staatsbürger innerhalb des Kaiserreiches und den ersten Jahren der Weimarer Republik. Auch die Frauen ergreifen einen Beruf. Salomines Brüder Alfred und Max gelangen zu einem gewissen Wohlstand – Alfred zu einem eigenen Anwesen in Troisdorf in der Hofgartenstraße. Auffallend, wenngleich nicht verwunderlich, dass die jeweiligen Ehepartner ebenfalls dem jüdischen Milieu entstammten – unter „normalen" Bedingungen wäre es sicherlich innerhalb der nächsten Generation

---

15 Quelle u. a.: Aschoff, Diethard: Autobiographische Zeugnisse westfälischer Juden über ihre Deportation und KZ-Haft, in: Herzig, Arno / Teppe, Karl / Determann, Andreas (Hg.): Verdrängung und Vernichtung der Juden in Westfalen (= Forum Regionalgeschichte, 3), Münster 1994, S. 169-214.

zu „Mischehen" mit evangelischen oder katholischen Ehepartnern gekommen, allem „Alltags-Antisemitismus" zum Trotz, gerade in den Großstädten an Rhein und Ruhr.

Deutlich wird die nicht zu heilende Zäsur durch den Aufstieg der NS-Ideologie des militanten Rassismus zu einer Staats-Ideologie ab 1933 mit einer sich immer stärker und schneller drehenden Spirale von Ausgrenzung und Abdrängung hin zur Verfolgung und Ermordung der deutschen und ab 1938/39 europäischen Judenheit, der auch die meisten Nachkommen des jüdischen Händlers Levy Pins zum Opfer fielen – so auch als ältere Frau das Mädchen, das im Mai 1886 seine Schullaufbahn in der scheinbar so beschaulichen Kleinstadt Fröndenberg an der Ruhr begann.

Der Verfasser, selbst Stadtarchivar in Fröndenberg/Ruhr, ist zahlreichen Archiven, den NS-Dokumentationszentren in Köln und Wuppertal sowie den Standesämtern Bad Kissingen, Dortmund, Duisburg, Iserlohn, Lünen, Horn-Bad Meinberg, Menden, Troisdorf und Unna zu Dank verpflichtet für eine gute und unproblematische Zusammenarbeit und ganz besonders der Forscherin Gertrud Althoff in Rheine für ihre Informationen zu den Vorfahren des Levy Pins.

ROLAND-Wappenrolle

Wappen Haar

In Blau eine 16-strahlige gesichtete goldene Sonne, umgeben von vier 6-zackigen goldenen Sternen. Auf dem Stechhelm mit blau-goldener Decke und gleichfarbigem Wulst zwei blaue Büffelhörner belegt mit der goldenen Sonne.

Führungsberechtigung sind die Nachkommen im Mannesstamm des Philipp Haar (* um 1605), der 1643 in Schönaich lebte.

Ein über 150 Jahre alter Militärpass erzählt Geschichte

beschrieben von Wilhelm Groetelaer

Militär = Paß Jahresklasse 1859
– Königreich Preußen –
Heinrich Wilhelm Hölscher

Duplicat

Militär = Paß

für

Füsilier Heinrich Wilhelm Hölscher

Jahresklasse 18*59*

Seite 1

Nationale des Buchinhabers.

1. Vor- und Familiennamen: *Heinrich Wilhelm Hölscher*

Geboren am *3*ten *Januar* 18*38*

zu Ahle
Verwaltungsbezirk: *Minden*

Bundesstaat: *Preußen*
2. Stand oder Gewerbe: *Knecht*

3. Religion: *Ev*

4. Ob verheirathet: *./.*
Kinder: *./.*

5. Datum und Art des Diensteintritts: *den 19. Oktober 1859 als Ersatz=Rekrut*
6. Bei welchem Truppentheil (unter Angabe der
Kompagnie, Eskadron, Batterie):
Westfälischen
Füsilier = Regiment von Steinmetz (Westf.) No. 37.
12 Kompagnie.

Seite 2 + 3

Versetzungen (unter Angabe des Datums und der Kompagnie, Eskadron, Batterie):
1.11.1859 zur 5. Kompagnie
11.3.1860 zur 12. Kompagnie
Beförderungen (unter Angabe des Datums und der Art):
./.

8. Von welchem Truppentheil:

Füsilier–Regiment von Steinmetz (Westf.) No. 37.
No. der Truppenstammrolle: *122 für* 18*59*
9. Orden und Ehrenzeichen:
Keine

10. Feldzüge, Verwundungen:
Keine

7. Datum und Art der Entlassung   *cfr Seite 8 + 9*
            August
   Am 25ten ~~September~~ 1862 *zur Reserve*
   nach Ahle Kreis Herford entlassen

2

Verſetzungen (unter Angabe des Datums und
der Kompagnie, Eskadron, Batterie):

1. 11. 1859 zur 5. Kompagnie

11. 3. 1860 . 12

Beförderungen (unter Angabe des Datums und
der Art):

7. Datum und Art der Entlaſſung:
Am 25 ten ~~September~~ 1862 zur Reserve
nach Ahle Kreis Herford entlassen

3

8. Von welchem Truppentheil:

Füſilier-Regiment von Steinmetz (Weſtf.) No. 37.

N⸰. der Truppenſtammrolle: *122 4/... 1859*

9. Orden und Ehrenzeichen:

10. Feldzüge, Verwundungen:

cfr Seite 8 + 9

Seite 4 + 5

11. Besondere militärische Ausbildung:
    Ist mit dem Füselier Gewehr ausge-
    bildet
    Schießklasse *II* te
    Schützenabzeichen: ./.

12. Bemerkungen: ./.
    Fußmaß: Länge ./. cm, Ballenweite ./. mm,
    Regelwidrig ./.
    Stiefelmaß; Länge ./. cm, Weite ./.
    Hat das Befähigungszeugniß zum ./.

Ausgefertigt, Krotoschin,
den 28ten *Juni* 189*8*

[Stempel: Königlich Preussisches
 Füsilier Regiment
 von Steinmetz]

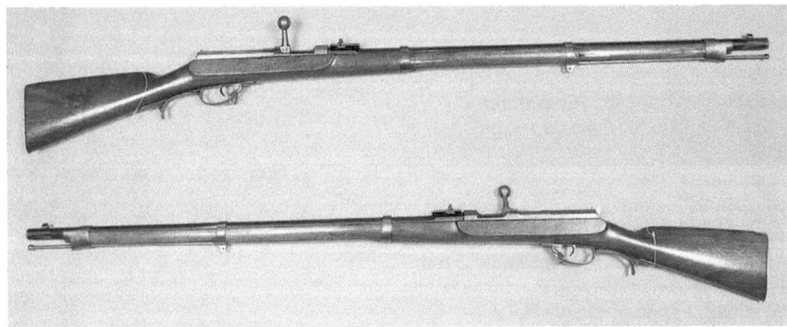

Dreyse Zündnadelgewehr, m/1841, Preussen. Aus der Sammlung des
Armémuseums, Stockholm (Wikipedia – gemeinfrei)

Carl Röchling (1855-1920): Preußisches Füsilier-Bataillon des „1. Garderegiment zu
Fuß" in der Schlacht bei Großgörschen am 2.5.1813 (wikipedia – gemeinfrei)

Seite 8 + 9

Kommandobehörde, welche Zusätze einträgt.	Datum	Zusätze zu den Personalnotizen. Uebungen und Einberufungen, Führung, Strafen ec.)
Bezirks-Kommando Dortmund	8.7. 1898	Nach Ausweis der Landwehr Stammrolle hat der g. Hölscher die Feldzüge 1864 gegen Dänemark und 1866 gegen Österreich mitgemacht und 1866 an den Gefechten bei Nachod, Skalitz Schweinschädel, Gradlitz und Königgrätz teilgenommen.
		Befindet sich im Besitze der „K. D. 64" und des „E. K. 66 K" Während des Feldzuges 1870/71
[Stempel KÖNIGLICHES PREUSSISCHES BEZIRKS-KOMMANDO DORTMUND]		ist derselbe vom 22.7.1870 bis 21.3. 1871 eingezogen gewesen. I. A. Nowack Major z. D.

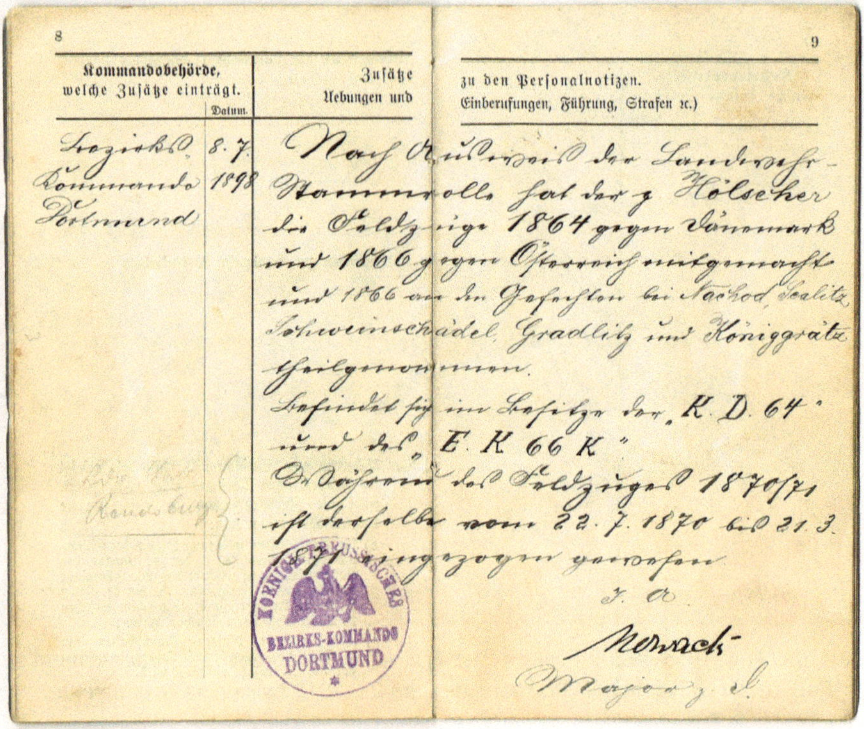

Kommandobehörde, welche Zusätze einträgt.	Datum.	Zusätze Uebungen und	zu den Personalnotizen. Einberufungen, Führung, Strafen ꝛc.

K.D. 64 steht vermutlich für die Kriegs-Denkmünze von 1864 „Düppeler Sturm-Kreuz" und *E.K. 66* steht vermutlich für „Erinnerungs-Kreuz für den Feldzug von 1866"

Urkunde und Kriegs-Denkmünze von 1864 Düppeler Sturm-Kreuz

Urkunde und Erinnerungs-Kreuz für den Feldzug von 1866

Deutsch-Dänischer / Zweiter Schleswig-Holsteinischer Krieg siehe Quelle: https://de.wikipedia.org/wiki/Deutsch-Dänischer_Krieg	
Datum	1864
Ort	Schleswig / Jütland
Casus Belli	Gemeinsame Novemberverfassung für Schleswig und das dänische Königreich
Ausgang	Sieg für Preußen und Österreich
Territoriale Änderungen	Schleswig, Holstein, und Lauenburg an Kaisertum Österreich und Königreich Preußen

Schlachten und Seegefechte des Deutsch-Dänischen Krieges (1864) mit Beteiligung von Heinrich Wilhelm Hölscher:

Am 17. März 1864 begannen die Vorbereitungen zum Sturm auf die Düppeler Schanzen am 18. April 1864. Nach einem kurzen Waffenstillstand begann am 29. Juni 1864 eine bis dahin nie da gewesene amphibische Aktion und nach kurzem Kampf kapitulierten die letzten dänischen Truppen auf Alsen.

Deutscher Krieg siehe Quelle: https://de.wikipedia.org/wiki/Deutscher_Krieg	
Datum	1866
Ort	Deutscher Bund (Süd- und Mitteldeutschland, Böhmen und Mähren), Königreich Ungarn, Norditalien, Adriatisches Meer
Ausgang	Kriegsentscheidender Sieg Preußens und Italiens
Territoriale Änderungen	Preußen annektierte Schleswig-Holstein, die souveränen Bundesglieder Königreich Hannover, Herzogtum Nassau, Kurfürstentum Hessen und die Freie Stadt Frankfurt - Italien erhielt Venetien
Friedensschluss	Frieden von Prag mit Preußen, Frieden von Wien mit Italien

Chronologische Abfolge Militärischer Konflikte im Deutschen Krieg mit Beteiligung von Heinrich Wilhelm Hölscher

27. Juni 1866 zwischen preußischen und österreichischen Truppen Schlacht bei Nachod/Böhmen (siehe Quelle: http://de.wikipedia.org/wiki/Schlacht_bei_Nachod)

28. Juni 1866 zwischen preußischen und österreichischen Truppen Schlacht bei Skalitz/Böhmen (siehe Quelle: http://de.wikipedia.org/wiki/Schlacht_bei_Skalitz)

29. Juni 1866 zwischen preußischen und österreichischen Truppen Gefecht bei Schweinschädel/Böhmen (siehe Quelle: http://de.wikipedia.org/wiki/Gefecht_bei_Schweinschädel)

30. Juni 1866 zwischen preußischen und österreichischen Truppen Artilleriegefecht bei Gradlitz/heute Tschechien (siehe Quelle: http://de.wikipedia.org/wiki/Choustn%C3%ADkovo_Hradi%C5%A1t%C4%9B)

3. Juli 1866 zwischen preußischen und österreichischen Truppen Schlacht bei Königgrätz/Böhmen (siehe Quelle: http://de.wikipedia.org/wiki/Schlacht_bei_Königgrätz)

Deutsch-Französischer Krieg siehe Quelle: http://de.wikipedia.org/wiki/Deutsch-Französischer_Krieg	
Datum	19. Juli 1870 bis 10. Mai 1871
Ort	Frankreich und Rheinpreußen
Ausgang	Sieg des Norddeutschen Bundes und seiner Verbündeten
Territoriale Änderungen	Frankreich tritt den Großteil des Elsass und einen Teil von Lothringen ab
Folgen	Der Norddeutsche Bund und drei süddeutsche Staaten schließen sich zum Deutschen Reich zusammen; Ende des Zweiten Kaiserreiches in Frankreich, Gründung der Dritten Republik
Friedensschluss	Friede von Frankfurt

Schlachten und Belagerungen des Deutsch-Französischen Krieges (1870-1871) mit Beteiligung von Heinrich Wilhelm Hölscher vom 22.7.1870 bis 21.3.1871 im Westfälisches Füsilier Regiment Nr. 37:

4.8. Treffen bei Weissenburg,

6.8. Schlachten bei Wörth,

30.8.-1.9. bei Sedan,

19.9. Gefecht bei Petit Bicetre und Chatillon,

21.10. Ausfallgefechte bei La Malmaison, Schlacht am Mont Valerien,

19.9.-18.1. Einschließung und Belagerung von Paris.

Siehe auch: Familiengeschichte Niedermowe aus Vlotho / Exter rund um das Testament der Friederike Steinmann vom 19. November 1881, in: Roland 20 (2011), S. 141- 54.

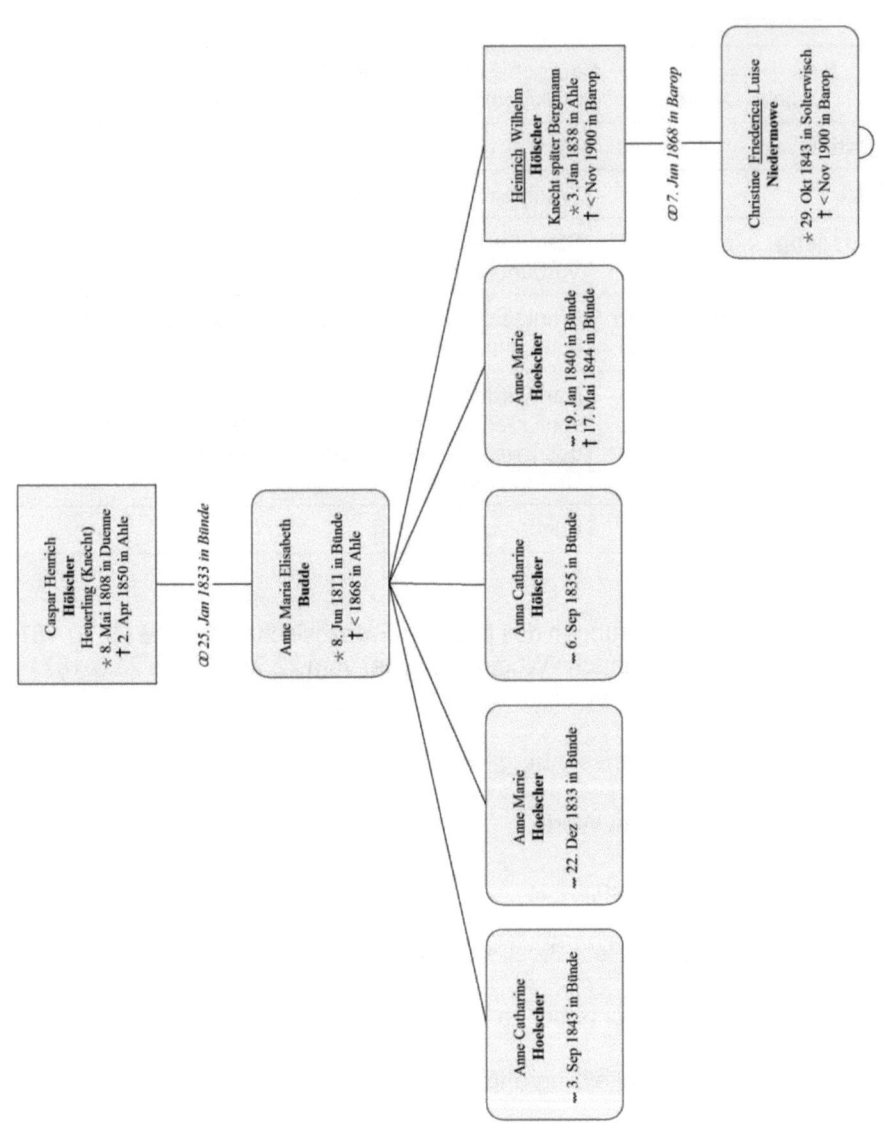

Caspar Heinrich
Hölscher
Heuerling (Knecht)
* 8. Mai 1808 in Duenne
† 2. Apr 1850 in Ahle

∞ 25. Jan 1833 in Bünde

Anne Maria Elisabeth
Budde
* 8. Jun 1811 in Bünde
† < 1868 in Ahle

Heinrich Wilhelm
Hölscher
Knecht später Bergmann
* 3. Jan 1838 in Ahle
† < Nov 1900 in Barop

∞ 7. Jun 1868 in Barop

Christine Friederica Luise
Niedermowe
* 29. Okt 1843 in Solterwisch
† < Nov 1900 in Barop

Anne Marie
Hoelscher
~ 19. Jan 1840 in Bünde
† 17. Mai 1844 in Bünde

Anna Catharine
Hölscher
~ 6. Sep 1835 in Bünde

Anne Marie
Hoelscher
~ 22. Dez 1833 in Bünde

Anne Catharine
Hoelscher
~ 3. Sep 1843 in Bünde

Eltern und Geschwister des Heinrich Wilhelm Hölscher

Das verschenkte Leben des Ferenc Palmüller

Eine Familientragödie im 1. Weltkrieg[1]

von Georg Palmüller

Abb. 1: Die Geschwister Jozsef (1894–1965), Anna (1892-1977)
und Ferenc Palmüller (1890–1914) (Quelle: Familienbesitz)

1. Vorwort

Vor 100 Jahren begann der 1. Weltkrieg. Eine von Menschenhand geschaffene Katastrophe, die unsägliches Leid über die Menschen brachte.

Es gibt kaum Familien in Europa, die in diesem unmenschlichen und unbarmherzigen Krieg keine Angehörigen verloren haben.

Auch einige meiner Verwandten ließen als Soldaten ihr Leben für ihr Vaterland. Menschenleben, die im Krieg vergingen, hinterließen Lücken in Familien, deren weiteres Leben durch den Verlust geprägt wurde.

---

1 Für meinen Sohn Philipp Georg Palmüller, der im Jahre 2004 geboren, diese fürchterlichen Zeiten der Kriege nicht kennenlernte und hoffentlich vor solchen Zeiten in seinem Leben verschont bleibt. Halte deine Vorfahren und deine Verwandten im schönen Ungarn in allen Ehren und achte das Leben, die Wahrheit, die Gerechtigkeit und Freiheit;
und für Feri: Ich wünschte, ich hätte dich persönlich kennenlernen und dich und deine Werke bewundern können!

Dies ist die Lebensgeschichte meines Großonkels Ferenc Palmüller aus Ungarn, einem außergewöhnlichen Menschen, der im Alter von 24 Jahren seine ihm frisch angetraute Ehefrau und seine Familie verlassen musste, um in der österreichisch-ungarischen Armee für sein Vaterland an der russischen Front zu kämpfen.

Dieses außergewöhnliche Leben spielt in der Zeit von 1890 bis 1914 in Ungarn. Eine schwere Zeit mit vielen Entbehrungen, gefüllt mit Hoffnungen und Zuversicht der Menschen auf ein besseres Leben. Hoffnungen, die durch die Brutalität dieses Krieges hinweg gefegt wurden.

Diese Biografie basiert auf den Erinnerungen meiner Großtante Anna Palmüller aus dem kleinen Dorf Vereb im Komitat Fejer in Ungarn. Anna war die Vertraute ihres zwei Jahre älteren Bruders Ferenc und hinterließ tiefe Eindrücke vom Leben zu jener Zeit, die die Sichtweise unseres eigenen Lebens verändert.

Die Geschichte vom Verlust ihres geliebten Bruders „Feri" ist eine Mahnung für uns alle, damit solches Unheil nie wieder geschieht!

Ich habe den Lebensbericht über meinen Großonkel zusammengefasst in diesem Buch[2] dargestellt und bin jedes Mal nach der Lektüre tief erschüttert über „Das verschenkte Leben des Ferenc Palmüller".

2. Glückskind

Ferenc Palmüller wurde am 1. März 1890 als fünftes von acht Kindern des Schäfermeisters György Palmüller und seiner Ehefrau Maria Barna im kleinen Dorf Vereb im Komitat Fejer in Ungarn geboren.

Nach den familiengeschichtlichen Erinnerungen, die seine 1892 geborene Schwester Anna auf mehr als 200 handschriftlich verfassten Seiten niederschrieb, war er ein großer, schwarzhaariger Junge, der nach seiner Geburt in einen Brutkasten gelegt werden musste. Dazu pflegte man in Ungarn immer zu sagen, dass solchen Kindern dann ein besonderes Glück begleiten würde. Bei Ferenc war es aber nicht das Glück, das ihn später begleitete, sondern seine Begabungen und seine Talente. Diese machten ihn zu einem ganz besonderen Menschen.

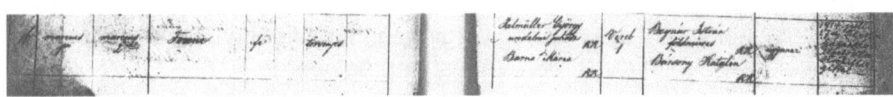

Abb. 2: Taufeintragung Ferenc Palmüller vom 1. März 1890
(Quelle: Katholische Kirchengemeinde Pazmand, Komitat Fejer, Ungarn)

---

2   Der Text wurde mit iBooks Author erstellt und ist zuerst als eBook 2014 erschienen.

3. Talent

Schon in frühem Alter fiel der kleine Ferenc, der von allen liebevoll „Feri" genannt wurde, dadurch auf, dass sich sein Verstand früher und schneller entwickelte, als bei Gleichaltrigen.

Als Feri noch sehr klein war, kam die Dreschmaschine auf den Meierhof, auf dem sie lebten. Die Ankunft der Dreschmaschine war immer ein besonderes Erlebnis für die Kinder. Sie bestaunten und bewunderten diese Maschine immer wieder. Der kleine Feri saß dabei auf dem Dreschplatz und konnte seine Augen nicht von dieser großen Maschine abwenden. Seiner Mutter fiel auf, dass er immer wieder aufstand, ins Wohnhaus rannte, dort kurz blieb und dann wieder auf dem Dreschplatz erschien. Neugierig geworden, folgte sie ihm und entdeckte staunend, was er im Haus trieb. Sein Vater György hatte vor einiger Zeit ein Bett für zwei ihrer Kinder gebaut, das wie eine große Kiste aussah. Es war grün angestrichen und tagsüber mit einem großen Deckel verschlossen. Und auf diesen Deckel malte der kleine Ferenc ein originalgetreues Abbild der Dreschmaschine! Wenn ihm etwas unklar war, rannte er wieder hinaus, prägte sich weitere Details ein, kam wieder ins Haus zurück und ergänzte und korrigierte die Zeichnung! Seine Mutter war sehr überrascht von dieser detailgetreuen Zeichnung und meinte zu Klein-Feri, dass sie dieses Werk dem Vater abends nach seiner Heimkehr von der Arbeit zeigen sollten. Doch Feri wollte dies nicht und wischte die Zeichnung schnell weg.

Fig. 349. — *Batteuse Damey à manège direct placé sous la batteuse.*

Abb. 3: Dreschmaschine mit Göpel um 1881 (Quelle: Wikipedia – gemeinfrei)

Feri baute, schnitzte und bastelte ständig etwas. Anderen Kindern blieb er fern, da er fürchtete, sie würden seine Werke kaputtmachen.

Während seiner Schulzeit fiel er immer wieder dadurch auf, dass er keine Hausaufgaben machte und zu Hause für die Schule nicht lernte. Mit seiner Aussage, „Ich brauche das nicht. Ich kann das auch so!", wollte sich seine Mutter nicht zufrieden geben.

Daher bat sie ihren Ehemann darum, den „lernfaulen" Sohn mal abzufragen und zu testen. Zur größten Verwunderung seiner Eltern konnte er nicht nur seine Hausaufgaben, sondern auch alle Inhalte seines Lehrbuches und auch die des Lehrbuches für die höheren Schulklassen auswendig!

„Einige in meiner Schulkasse lernen laut! Zum Beispiel der Janos, der neben mir sitzt! Der liest immer alles laut vor! Das merke ich mir dann einfach und dann kann ich das!" Feris Eltern konnten das nicht glauben und baten den Dorflehrer um ein Gespräch.

„Von daher sehe bei ihm darüber hinweg, dass er während der Unterrichtsstunden in der Klasse nicht übt und auch keine Hausaufgaben macht. Manchmal sitzt er auch da und schnitzt etwas! Dennoch lernt er alles!", bestätigte der Lehrer den verdutzten Eltern die Aussage ihres Sohnes.

Eines Tages sah der Lehrer etwas Ungewöhnliches in einem von Feris Büchern. „Wer von der Gemeindeverwaltung hat dein Buch mit dem Gemeindesiegel versehen?", wollte er von ihm wissen. Dieser kramte in seiner Schultasche herum und förderte ein Radiergummi zu Tage, aus dem er eine täuschend echte Kopie des Gemeindesiegels geschnitzt hatte. „Für solche Fälschungen kannst du im Gefängnis landen!", meinte der Lehrer und beließ es bei dieser Ermahnung.

Einige Zeit später fiel seiner Schwester Anna auf, dass Feri nicht mehr mit ihr und anderen Mitschülern gemeinsam nach Hause gehen wollte, sondern immer einen anderen Rückweg wählte. Er kam dann oft später zu Hause an, verschlang sein Mittagessen und verschwand wieder von der Bildfläche.

Seiner Mutter war dies auch schon aufgefallen und sie wollte wissen, was er auf dem Rückweg von der Schule und nach dem Mittagessen trieb. So schickte sie ihre älteste Tochter Maria los, um dies festzustellen. Sie folgte ihm heimlich und sah, wie er hinter einem Garten mit Nussbäumen in einer Senke verschwand. Als sie vorsichtig näher kam, entdeckte sie ihren Bruder lesend auf einem Baumstumpf sitzen. Um ihn herum lagen jede Menge Bücher im hohen Gras. Als er seine Schwester bemerkte, erschrak er zutiefst. Auf die Frage „Woher hast du alle diese Bücher?", erklärte er: „Ich habe jedes einzelne heimlich aus dem Bücherschrank des Lehrers genommen und hier versteckt!" Seine Schwester Maria behielt dieses Geheimnis für sich und half ihm, alle Bücher wieder in die Schule zurück zu bringen, bevor der Lehrer auf das Fehlen der Bücher aufmerksam werden konnte. „Da hast du aber Glück gehabt, dass es die ganze Zeit nicht geregnet hat. Dann wären die Bücher durchgeweicht!", war ihr Kommentar zu dem damals 10-jährigen. Dies hatte ihr kleiner, hoch begabter Bruder nicht bedacht!

„Ihr Sohn ist über alle Maßen talentiert! Sie müssen ihn unbedingt fördern!"
Das war ein gut gemeinter Rat des Dorflehrers an Feris Eltern. Aber diese konnten
in Anbetracht ihrer acht Kinder nicht daran denken, auch nur eines davon nach
Budapest zum Lernen zu schicken. Ein Kind gegenüber seinen Geschwistern
zu begünstigen, kam nicht in Frage und finanziell war das auch nicht machbar.
Es war auch niemand da, den man um Rat fragen konnte. Die Eltern wandten
sich schließlich an einen Verwandten in Stuhlweißenburg (Szekesfehervar), der
ebenfalls Lehrer war. Dieser riet ihnen, ihren begabten Sohn an einer höheren
Schule unterrichten zu lassen. Aber wie sollten sie dies bewerkstelligen?

4. Wissensdurst

Als Feri im Alter von 12 Jahren die Volksschule in Vereb verließ, stellte sein
Vater ihn als Schäferjungen ein. Damit lag er „auf der Linie". Denn eine gute
Ausbildung zum Schäfer verhieß, später einen weiteren Schäfermeister in der
Familie zu haben und somit eine finanzielle Einkommensverbesserung für die
ganze Familie. Und außerdem waren alle männlichen Familienmitglieder über
Generationen hinweg seit ihrer Ankunft in Ungarn um das Jahr 1750 Schäfer
oder Verwalter auf Gutshöfen, die Schafzucht betrieben. Schafherden verspra-
chen den Gutsbesitzern Wohlstand und Reichtum. Schafe waren in vielerlei

Abb. 4: Der Schafhirte achtet auf seine Herde – Gemälde von Ernst Adolph Meißner
(Quelle: Wikipedia – gemeinfrei)

Hinsicht verwertbar. Man verwertete die Wolle, die Milch, verkaufte Lämmer und Zuchtschafe, schlachtete sie, verkaufte das Fleisch und aß sie zum Teil auch selbst. Ein gut ausgebildeter und fleißiger Schäfermeister konnte es als Untertan eines gräflichen Gutsbesitzers zu einem guten Lebensstandard und hohem Ansehen bringen, was dann natürlich auch für seine Zukunft und die seiner späteren eigenen Familie höchst wichtig war.

Doch Schafe interessierten den jungen Hütejungen Ferenc überhaupt nicht! Trotzdem erledigte er seine ihm übertragenen Arbeiten – manchmal mit Hilfe seinen kleinen Schwester Anna – zur vollsten Zufriedenheit, und sein Vater war mächtig stolz auf ihn.

Im Jahre 1903 gelang den Gebrüdern Wilbur und Orville Wright im fernen Amerika mit ihrem selbst konstruierten Flugapparat der erste motorgetriebene Flug über eine Zeit von 12 Sekunden und eine Flugstrecke von 37 Metern, als der damals 13-jährige Ferenc seiner zwei Jahre jüngeren Schwester ein Geheimnis anvertraute: „Ich konstruiere gerade heimlich ein Flugzeug! Die Flügel habe ich schon fertig! Damit es ein Geheimnis bleibt, habe ich sie vergraben und hole sie wieder hervor, wenn ich alle übrigen Teile fertig habe!"

Seine Vorstellungskraft beeindruckte seine kleine Schwester immer wieder. Wie kam dieser 13-jährige Hirtenjunge in einem kleinen ungarischen Dorf auf den Gedanken, eine Flugmaschine zu bauen? In der Dorfschule hatten sie jedenfalls nichts über Flugzeuge gehört. Ihr Allgemeinwissen auf diesem Gebiet beschränkte sich auf die Existenz von Heißluftballons.

Einmal machte er im Wäldchen nahe dem Dorf in einem morschen Baum ein Feuer. Auf „besonderen" Wegen hatte er sich Material beschafft, das er in verschiedenen Tiegeln schmelzen wollte. Leider entzündete sich dabei der ganze Baum und nur mit Hilfe der Dorfbewohner konnte der Brand gelöscht werden, bevor er auf das Dorf übergreifen konnte. Als er nach Hause kam, bekam er erst einmal eine Tracht Prügel.

Sein Wissensdurst verleitete ihn dazu, die Funktionsweise eines Gewehrs auf eigene Faust erkunden zu wollen. Dazu entwendete er dem Aufseher des dörflichen Getreidespeichers auf geschickte Art und Weise ein Gewehr und versteckte es in seiner Schlafstätte. Ein anderer Schäfer entdeckte es und erschrak fürchterlich, weil er nicht wusste, was Feri mit dem Gewehr im Schilde

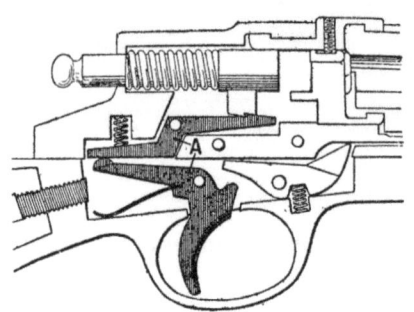

führte. Doch er wollte es nur auseinandernehmen, die Funktionsweise erlernen und es – wieder ordentlich zusammengesetzt – in den Getreidespeicher zurückbringen. Munition dazu hatte er sowieso keine. Auch dieses Mal wurde sein Wissensdurst mit Prügel gestillt.

Abb. 5: Gewehr-Abzugsmechanismus vor 1923 (Quelle: Wikipedia – gemeinfrei)

5. Lehrstelle

Seine Eltern sahen irgendwann ein, dass sie dem Rat des Volksschullehrers folgen und Ferenc fördern mussten. In der nicht all zu weit entfernten Ortschaft Bicske gab es viele Handwerker und so erkundigten sie sich dort nach Möglichkeiten. Sie einigten sich mit einem alten Fassbinder-Meister und er nahm Feri in die Lehre. Das Lehrgeld bezahlten sie mangels Bargeld in Naturalien. Eigentlich war er mit 15 Jahren für die Einstieg in eine Fassbinderlehre schon zu alt, aber der Meister versuchte es trotzdem. Um altersmäßig aufholen zu können, sollte Feri seine Lehre schon nach zwei, anstatt nach drei Lehrjahren abschließen. Feri hatte einen guten Ausbildungsplatz und der alte Meister mochte ihn sehr. Er wurde in Bicske gut verpflegt, seine Mutter besuchte ihn oft und erkundigte sich regelmäßig nach seinem Leistungsstand. Der Meister war mit ihm sehr zufrieden, wunderte sich aber darüber, was Feri in seiner Freizeit immer auf dem Dachboden trieb. Eines Tages kam es heraus: Er hatte sich dort im Laufe der Zeit eine komplette Werkstatt eingerichtet!

. Le tonnelier.   Der Böttcher.   The cooper.

Abb. 6: Der Böttcher, aus: *Was willst du werden*, um 1880
(Quelle: Wikipedia – gemeinfrei)

Leider starb die Ehefrau des alten Meisters und dieser zog zu seinem Sohn, einem Kellermeister im Dorf Vajta.

Feri wurde beim Schwiegersohn des alten Meisters – einem Fassbinder-Meister namens Talum – weiter beschäftigt und konnte seine Ausbildung fortsetzen. Talum war zuständig für das Eichen der von den Fassbindern hergestellten Gefäße und freute sich über seinen begabten Lehrling.

Aufgrund seiner besonderen Fertigkeiten beauftragte er Ferenc damit, Behältnisse mit schönen Schnitzereien und Monogrammen der jeweiligen Eigentümer zu verzieren. Das sprach sich schnell herum und Feri wurde in Bicske bekannt.

Sein außerordentlicher Fleiß und seine Fähigkeiten führten schließlich dazu, dass er in der gräflichen Kellerei in Bicske damit beschäftigt wurde, schöne Muster in Fässer zu schnitzen. Er wohnte in der Werkstatt und arbeitete häufig nachts unter dem Licht einer Acetylen-Lampe, die er aus verschiedenen Materialien zusammengebastelt hatte. Feri war ständig am Experimentieren. Als seine Schuhe verschlissen waren, gab seine Mutter ihm etwas Geld, damit er sich neue kaufen konnte. Er flickte seine alten Schuhe mit Draht zusammen und benutzte das Geld von seiner Mutter zur Finanzierung seiner Hobbys.

Eines Tages veranstalteten die Fassbinder in Bicske eine Ausstellung ihrer schönsten und besten Werke, an der eigentlich nur zur Meisterprüfung anstehende Gesellen teilnehmen durften. Aufgrund seiner handwerklichen Geschicklichkeit durfte Feri auch etwas ausstellen, obwohl er noch Lehrling war.

Er verblüffte alle – Besucher und Fachleute – mit einem kleinen Fässchen, das etwa einen Liter Füllvolumen hatte. Das Besondere daran war, dass es ohne Metallreifen zusammengehalten wurde! Er nahm es und warf es auf den Boden. Es fiel nicht auseinander! So etwas hatte man noch nie gesehen und die staunenden Fachleute untersuchten es. Um so rätselhafter erschien es ihnen, dass es noch nicht einmal geklebt war! Nach dem lange genug über die Konstruktion des Fasses gerätselt worden war, lüftete Feri das Geheimnis. Er hatte jede Daube durchbohrt und mit Draht zusammengezogen, den er von innen fixierte. Von außen war davon nichts zu erkennen. Ob dieser erstaunlichen Fingerfertigkeit waren die Fachleute begeistert.

Ferenc war noch immer Lehrling, als er ein weiteres Meisterstück präsentierte. Dazu platzierte er in einer etwa zwei Deziliter großen Flasche mit Hals – ähnlich wie bei einem Flaschenschiff – einen kompletten Kalvarienberg! Dazu klebte er eine X-Form innen auf den Flaschenboden und befestigte ein kleines Holzkreuz im Kreuzungspunkt. Am Querbalken des Kreuzes befestigte er winzige Holznägel, eine Lanze mit Schwamm, eine Leiter und selbst noch die Kreuz-Inschrift! Alles in einer unglaublichen detaillierten Miniatur, nur mit einer Pinzette und unendlicher Geduld. Zuletzt verschloss er die Öffnung der Flasche mit einem Korken, in den er seinen Namen und die Jahreszahl eingravierte. Später machte sich seine Schwester Anna Vorwürfe, dass sie dieses Meisterwerk bei ihrem Auszug von daheim nicht mitgenommen hatte. So ging es verloren und niemand weiß, wo es letztendlich abgeblieben ist und ob es heute noch existiert.

Abb. 7: Flaschenfund im Archiv des Museums in Vaihingen an der Enz, Mai 2014. Sie stammt aus dem Arbeitshaus Schloss Kaltenstein. So könnte Feris Flasche ausgesehen haben (Foto: Heidi Wendelstein, Mühlacker Tageblatt vom 31.05.2014)

Die Ehefrau seines neuen Meisters liebte es, auf dem Marktplatz von Bicske zu sitzen und zu tratschen. Eines Tages befahl sie dem Lehrling Feri, ihren Gemüsekarren zum Markttag auf den Marktplatz zu schieben. Da sie ihn immer schlecht behandelte, verweigerte er ihr diesen Dienst. Aus Rache bekam er fortan Essen, das selbst der Hund des Meisters verschmähte. Aber der Lehrling beschwerte sich nicht, lieber hungerte er!

Nach erfolgter Abschlussprüfung wurden die Lehrlinge frei gesprochen, blieben aber aus Ehre und Dankbarkeit dem Ausbilder gegenüber noch eine Zeit lang bei ihren Meistern. Nicht so Feri! Er verließ seinen Meister sofort. Als seine Eltern ihn dazu befragten, warum er eine solche Schande über seinen Meister brächte, erzählte er ihnen von der niederträchtigen Behandlung, über die Dinge, die er während seiner Ausbildung erdulden musste und von dem Hunger, den er gelitten hatte. Nie hatte er vor dem Abschluss seiner Ausbildung davon gesprochen. Aber diese Genugtuung über die Schmach, der sein Meister dadurch nun erlitt, genoss er in vollen Zügen!

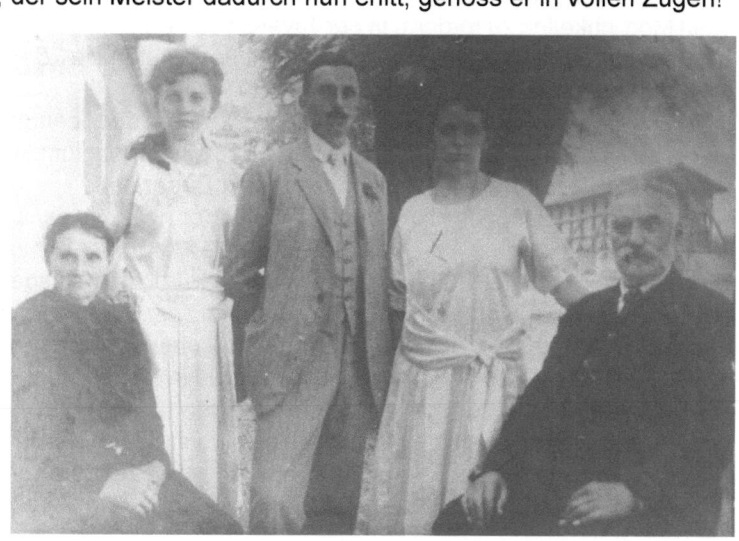

Abb. 8: Feris Eltern Maria Barna und Gy- örgy Palmüller aus Vereb mit weiteren Familien- angehörigen (Quelle: aus Familien- besitz)

6. Kunststudium

Ein Lehrer namens Spitzer lud Ferenc in sein Haus ein, weil er sich mit seinen zwei Söhnen beschäftigen sollte. Als Abgeltung für seine Hilfe unterrichtete er Ferenc im Fach Mathematik. Über diese Verbindung kam ein Kontakt zu einem Lehrer namens Baumgartner zustande, der ihn für einen Abendkurs an der Königlich-Ungarischen Kunstakademie in Budapest empfahl.

Als Empfehlung wurden einige kleine Meisterwerke von Feri eingereicht, darunter eine kunstvolle Zigarrenspitze und eine Meerschaumpfeife, auf der ein Widderkopf montiert war. Er wurde von der Akademie zum Abendkurs zugelassen.

Nun arbeitete er tagsüber in der Kapas utca in Buda bei einem Fassbinder-Meister und nach getaner Arbeit besuchte er den Abendkurs an der Kunstakademie.

Mit großer Freude begann er den Kurs und musste feststellen, dass er wissensmäßig noch viel nachzuholen hatte. Nach nur sechs Schuljahren an der Volksschule war es alles andere als leicht, an der Akademie zurecht zu kommen. Er stellte sich dieser Herausforderung und lernte schnell und gut. Was ihm aber am meisten zu schaffen machte, war die schwere Fassbinder-tätigkeit tagsüber. Dabei stemmten sie die Hartholz-Dauben gegen ihre Brust und schnitzten mit einem Zugmesser. Dadurch litten seine Hände dermaßen, dass er im Abendkurs kaum in der Lage war, feine Zeichnungen anzufertigen, die er für sein Interessengebiet „Bildhauerei" benötigte.

Er bat seine Eltern darum, ihn finanziell zu unterstützen, damit er die Fass-bindertätigkeit aufgeben konnte und versprach seinen Eltern, alles dafür zu tun, um als besonders ausgezeichneter Schüler nach nur einem Abendschuljahr ein Stipendium zu erhalten. Finanziell wäre eine längere Unterstützung seitens seiner Eltern auch nicht möglich gewesen.

Seine Eltern nahmen viele Entbehrungen auf sich und versuchten, ihn nach ihren Möglichkeiten zu fördern. In der Tavaszmezö utca Nr. 8 in Budapest wohnte ein Verwandter. Ihm und dem Hauseigentümer zahlten sie 25 Forint monatlich für Kost und Logis.

Und Ferenc schaffte es! Nach nur einem Jahr auf der Abendschule erhielt er aufgrund besonderer Leistungen im Jahr 1910 ein Stipendium an der Königlich-Ungarischen Akademie für Bildende Kunst in Budapest!

Für sein Studium zur Bildhauerei benötigte er noch vieles, was – obwohl er völlig anspruchslos war – nicht finanziert werden konnte. Aber auch da war das Glück auf seiner Seite. Durch seinen Verwalter wurde der Gutsbesitzer Kenesey auf Ferenc aufmerksam. Er verkehrte nun oft mit der Familie Palmüller in Vereb und war mächtig stolz auf den begnadeten Künstler. Kenesey war bestrebt, Sponsoren für Feri zu finden und tat alles, was in seiner Macht stand. Konnte er etwas selbst nicht beschaffen, so bat er Freunde darum. Zwischen Kenesey und Ferenc entwickelte sich eine tiefe Freundschaft und Verbundenheit.

Der bekannte Bischof von Stuhlweißenburg (Szekesfehervar) – Ottokar Prohaszka – war oft Gast bei der gräflichen Familie von Vereb, las dort Messen und beerdigte schließlich auch den verstorbenen alten Herrn. Der junge Künstler fand das Interesse des Bischofs. Sein Eifer und seine künstlerischen Werke faszinierten ihn. Eines Tages erhielt Ferenc eine Einladung ins bischöfliche Palais in Szekesfehervar. Dort teilte ihm Bischof Prohaszka mit, dass er ihm jedes seiner Hochschulzeugnisse nach Erhalt vorlegen sollte. Der Bischof zahlte Ferenc nach Vorlage seiner Zeugnisse eine Belohnung in Höhe von jeweils 50 Forint.

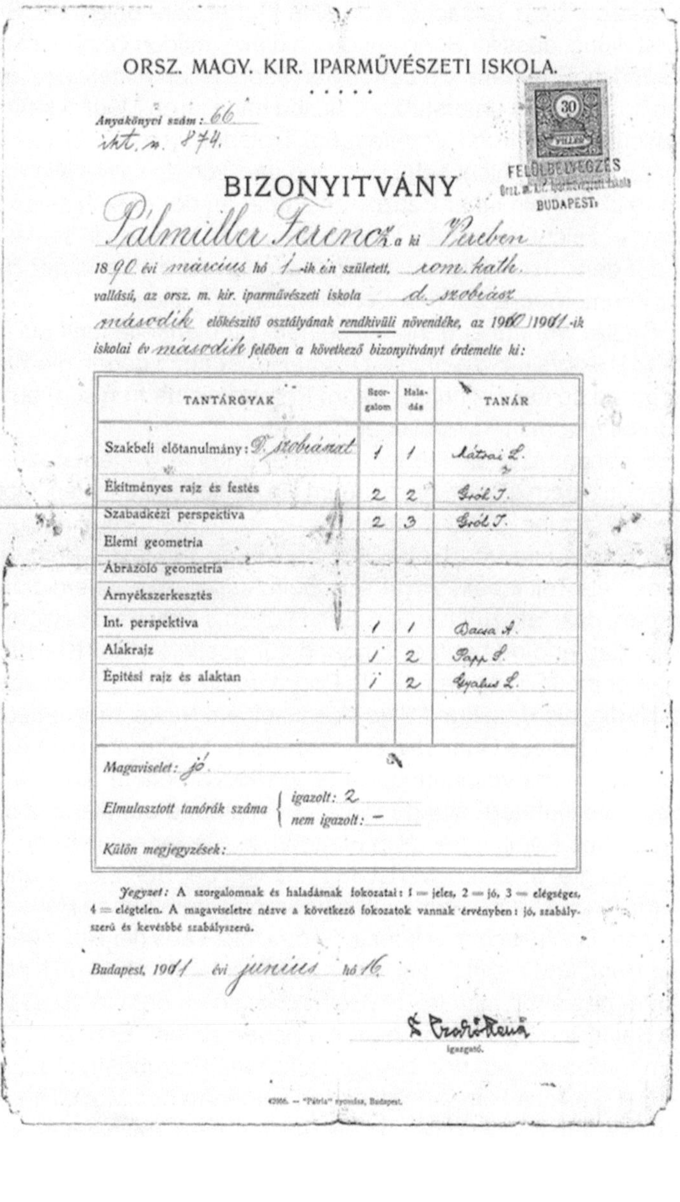

ORSZ. MAGY. KIR. IPARMŰVÉSZETI ISKOLA.

Anyakönyvi szám: 66
ikt. n. 874.

FELÜLBÉLYEGZÉS
Orsz. m. kir. iparművészeti iskola
BUDAPEST.

BIZONYITVÁNY

Pálmüller Ferencz a ki Veszben
1890 évi március hó 1-ik én született, rom. kath.
vallású, az orsz. m. kir. iparművészeti iskola d. szobrász
második előkészitő osztályának rendkivüli növendéke, az 1900/1901-ik
iskolai év második felében a következő bizonyitványt érdemelte ki:

TANTÁRGYAK	Szorgalom	Haladás	TANÁR
Szakbeli előtanulmány: D. szobrászat	1	1	Mátrai L.
Ékitményes rajz és festés	2	2	Gróh I.
Szabadkézi perspektiva	2	3	Gróh I.
Elemi geometria			
Ábrázoló geometria			
Árnyékszerkesztés			
Int. perspektiva	1	1	Dacsa A.
Alakrajz	1	2	Papp S.
Épitési rajz és alaktan	1	2	Gyalus L.

Magaviselet: jó

Elmulasztott tanórák száma: igazolt: 2; nem igazolt: –

Külön megjegyzések:

Jegyzet: A szorgalomnak és haladásnak fokozatai: 1 = jeles, 2 = jó, 3 = elégséges, 4 = elégtelen. A magaviseletre nézve a következő fokozatok vannak érvényben: jó, szabályszerű és kevésbbé szabályszerű.

Budapest, 1901 évi junius hó 16.

Igazgató.

Abb. 9: Ein Zeugnis von Ferenc Palmüller von der Königlich-Ungarischen Kunstakademie vom 16. Juni 1911 (Quelle: aus Familienbesitz)

Als Dank für die großzügige Unterstützung entwarf Ferenc ein Gesichtsprofil des Bischofs in Form eines Gipsabdrucks. Dieser ca. 25 x 18 cm große Gipsabdruck seines Gesichts erfreute Bischof Prohaszka überaus, da er nur seine linke Gesichtshälfte zeigte. Ferenc hatte sich für diese Darstellung entschieden, da sich auf der rechten Gesichtshälfte des Bischofs eine große Narbe befand. Das Profil gelang äußerst gut und wurde sehr bekannt.

Mit tatkräftiger Unterstützung von Sponsoren konnte Ferenc sein Kunststudium fortsetzen. Eine Tatsache, die seine Mutter sehr belastete. Sie haderte mit der Vorstellung, dass ihr Sohn nur durch diese „milden Gaben" studieren konnte und sie und ihr Ehemann die benötigten finanziellen Mittel dazu nicht selbst aufbringen konnten. So unterstützten sie ihn nach ihren Möglichkeiten mit Bekleidung, Wäsche, Nähen und Verpflegung. Trotzdem musste er viel entbehren und im Winter in seiner nicht beheizten und dadurch eiskalten Wohnung nächtigen. Er lernte im Schein einer Petroleumlampe, an der er sich seine Hände erwärmte, damit er zeichnen konnte. Wegen der vielen Wanzen in seiner Unterkunft schlief er auf dem Tisch. Dies half jedoch wenig, da während der Nacht Wanzen von der Zimmerdecke auf den Schlafenden hinabfielen.

Später wohnte er dann mit seinem Studienkollegen Laci – dem Sohn eines Bankdirektors – zusammen. Das half aber auch gegen die Wanzen nicht! Doch aufgrund seiner Frohnatur nahm Ferenc nichts tragisch, betrachtete alles humorvoll und mit unglaublicher Geduld.

Ferenc nutzte die langen Sommerferien in Ungarn dazu, sich zu Hause in Vereb in einem großen Abstellraum ein Atelier einzurichten. Obwohl dieser Raum auch noch eine große Kiste mit gelagertem Mehl, eine riesige Wäschemangel, eine Salzmühle und Getreide beherbergen musste, fand er einen Platz, um seine freie Zeit kreativ zu nutzen. Sein Atelier lag ebenerdig und er musste dafür sorgen, dass die Hühner draußen blieben. Dazu beschäftigte er den Haushund Sajo, den er direkt an der Eingangstür postierte. Der Künstler brauchte Ruhe, denn er modellierte gerade ein Porträt nach einer Fotovorlage. Das Porträt war fast fertig, als Haushund Sajo sich zu einem Nickerchen entschloss. Die Hühner ließen sich diese Chance nicht entgehen und stürmten das Atelier, während der Künstler an der Vollendung seines Werkes arbeitete. Aufgeschreckt vom Schrei „Sajo, die Hühner!" stürzte sich der Haushund auf diese und verursachte eine allgemeine Panik unter dem Flattervolk. Sie rannten vor die Tür, die daraufhin dafür sorgte, dass das wertvolle Werk von der Staffelei fiel und stark beschädigt wurde. Seine Mutter kam herbei und wollte dem armen Haushund Prügel verabreichen. Doch auch dies konnte Ferenc nicht aus der Ruhe bringen. Er tätschelte den Hund und meinte: „Na, das haben wir beide aber gut hingekriegt!" An seine Mutter gewandt, meinte er: „Meine Schuld an dem Missgeschick ist größer als die Sajos. Ich hätte mehr Verstand haben sollen!" Er hob das beschädigte Werk vom Fußboden auf und begann sofort mit Rettungsmaßnahmen.

Die gräfliche Herrschaft war von seiner Art des Modellierens so beeindruckt, dass sie ihm Porträtfotos und Gemälde gaben, nach denen er Formen erstellte, die dann mit Bronze ausgegossen wurden. Besonders liebte er immer noch die Holzschnitzerei. Einer Dame aus der gräflichen Familie fertigte er ein Schmuckkästchen, das er mit geschnitzten Motiven verzierte. Auf dem Deckel war ein weinendes Mädchen zu sehen, das an einem Baum lehnte, sowie ein Jäger von hinten im Weggehen. Seine Schwester Anna schlug das Werk mit roter Seide aus und die alte Dame war über ihre neue Schmuckschatulle hoch erfreut!

„Das ist ein Urtalent aus der Familie eines Hirtenmenschen mit vielen Kindern!" Diese Worte aus dem Munde der Professoren der Kunstakademie hörten viele Besucher, die aus dem Ausland zu einer Visite kamen. Als Paradebeispiel für die Qualität der Künstler dienten wiederum Ferenc und seine Werke. Beide wurden zu solchen Anlässen gerne präsentiert. Wobei dem Künstler das Glück widerfuhr, dass einige seiner Werke, zum Beispiel eine Büste auf einer Säule, den Weg in Ausstellungen in Italien fanden, wo er dafür große Anerkennung in Fachkreisen erhielt.

Abb. 10: Ferencs vier Jahre älterer Bruder György schnitzte diesen Kasten mit Schublade und ausklappbarem Rasierspiegel im Jahr 1913 – wohl unter fachkundiger Anleitung des begnadeten Künstlers. Das Werk befindet sich noch in Familienbesitz (Quelle: aus Familienbesitz)

7. Tarogato

Der Künstler Ferenc Palmüller verfügte über ein gutes Gehör und eine schöne Stimme. Sobald irgendein Musikinstrument in seine Hände geriet, lernte er es zu spielen. Leider besaß er selbst nur eine Flöte und träumte von einem alten ungarischen Holzblasinstrument – einer Tarogato. Seine Mutter erfüllte diesen Traum und kaufte sie ihm. Er lernte sie zu spielen, hatte aber nur daheim in Vereb die Möglichkeit dazu. Mit dem lauten Klang der Tarogato hätte er in Budapest die ganze Nachbarschaft unterhalten können. Er fürchtete aber, dass diese nicht gerade begeistert darüber gewesen wäre. Seine Schwester Anna und er gingen in das Wäldchen beim Dorf, wo er dann auf der Tarogato spielte und sie dazu sang.

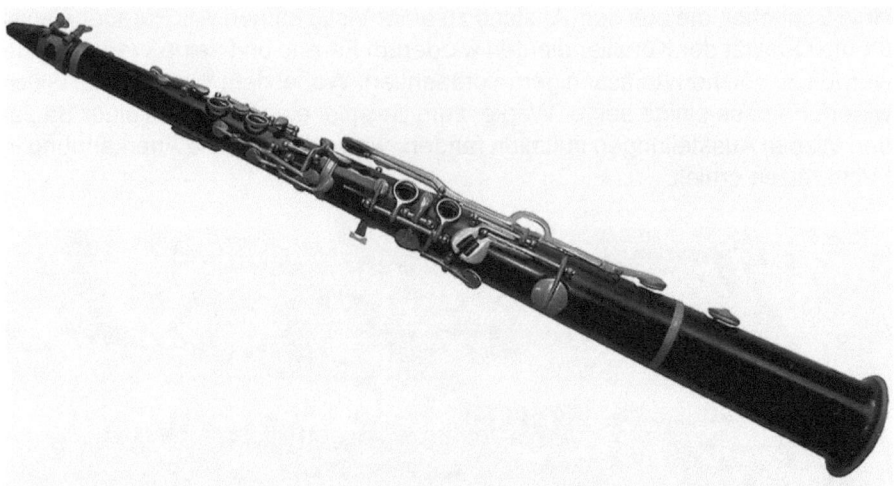

Abb. 11: Das alte ungarische Holzblasinstrument Tarogato, wie sie Ferenc Palmüller spielte (Quelle: Wikipedia, CCBY-SA 3.0, Arent)

Feri wäre nicht er selbst gewesen, wenn er nicht wieder eine kreative Idee gehabt hätte. Er setzte sich in den Kopf, ein Pianino zu bauen! Den Korpus schnitzte er zusammen mit seinem Vater. Der fertige Korpus wurde mit Furnierholz überzogen. Die Tasten bemalte er entsprechend schwarz und für die weißen Tasten verklebte er weiße Kautschukplättchen. Abschließend bespannte er das Musikinstrument mit Saiten und stellte es fertig. Es musste dann nur noch gestimmt werden, aber dazu kam es nicht mehr. Das kunstvolle Werk wurde von seinen Eltern lange gehütet. Was mit diesem mit viel Arbeit und Liebe hergestellten Musikinstrument geworden ist und wo es verblieb, ist leider nicht mehr bekannt. Die Tarogato war noch lange im Besitz seiner Schwester Anna, wurde aber im 2. Weltkrieg 1945 vernichtet. So verschwanden mit Feri auch seine vielen Kunstwerke, von denen nur noch einige wenige in Familienbesitz sind. Überdauert haben nur die Erinnerungen an ihn.

8. Militärzeit

Während seines Studiums an der Kunstakademie wurde Ferenc wehrpflichtig, hatte aber das Recht, erst sein Studium abschließen zu können. Im Volksmund nannte man solche Wehrpflichtigen „Einjährige". Nach einem Jahr beim Militär rüsteten sie dann als Leutnant ab.

Feri wählte einen ungewöhnlichen Weg. Anstatt erst sein Studium zu beenden, rückte er in den Sommerferien als gemeiner Soldat zum K.u.K.-Infanterieregiment Nr. 69 „von Hindenburg" in Stuhlweißenburg ein in der Hoffnung, dadurch seine Militärzeit auf den Zeitraum der Ferien verkürzen zu können. Doch leider ging seine Rechnung nicht auf. Im Jahre 1912 war die politische Situation schon sehr verworren, und es wehte schon der Wind des 1. Weltkriegs. Seine Einheit wurde nach Dalmatien verlegt. Nun war er gezwungen, doch ein volles Jahr Wehrdienst zu leisten. Während seiner Militärzeit profitierte er wieder von seinen begnadeten künstlerischen Fähigkeiten. Als die Offiziere darauf aufmerksam wurden, beauftragten sie den Rekruten Ferenc Palmüller mit verschiedensten künstlerischen Arbeiten, zum Beispiel mit Schnitzereien oder der Anfertigung von Kunstwerken nach Fotovorlagen. Dazu erhielt er ein eigenes Atelier auf dem Dachboden eines Hauses, auf dem er im Heu nächtigte. Somit hatte er während seines Wehrdienstes ein besseres Leben als seine Kameraden.

Abb. 12: Österreichisch-ungarische Feldartillerie beim Manöver (1900)
(Quelle: Wikipedia – gemeinfrei)

Nach einem vollen Jahr beim Militär kehrte er zurück und schloss anschließend sein Studium der Bildhauerei an der Kunstakademie ab. Danach arbeitete er im Atelier des Bildhauers Földes Szabo Janos in der Szazados utca in Budapest. Dort schuf er als selbständig arbeitender Bildhauer schönste Kunstwerke.

Einmal kehrte er mit einen zerrissenen Mantel heim in sein Elternhaus in Vereb und seine Schwester Anna nähte ihn wieder. Dabei erzählte Feri ihr, dass er sich den Mantel an Sträuchern zerrissen hatte, als er für die Anfertigung einer Statue für eine Kirche am Stadtrand von Budapest Maß nahm. Kurz vor Vollendung zeigte der Künstler seiner Schwester das Werk. Es war eine aus rotem Marmor gefertigte Statue mit dem Titel „Jesus unter den Kindern" und zeigte den Erlöser in Lebensgröße auf der linken Seite sitzend, während vier mit zeitgenössischen Hemdchen bekleidete Kinder vor ihm knieten oder standen. Viele Jahrzehnte später begann Anna nach diesem Kunstwerk ihres Bruders zu suchen, leider vergeblich. Die Statue war so schön und besonders, dass sie sie jederzeit in Kirchen oder Fassaden hätte wiedererkennen können.

9. Aristokraten

Eines Tages fertigte Feri eine Büste der Gräfin Karacsonyi aus rotem Carrara-Marmor und lieferte sie persönlich nach Siebenbürgen aus. Im Palais bestimmte er den Standort nach den günstigsten Lichtverhältnissen. Dies sprach sich im Kreise der Aristokraten herum und war der Beginn einer Serie von Einladungen, um neue oder bereits vorhandene Kunstwerke in zahlreichen Herrenhäusern „ins rechte Licht" zu rücken. Der Künstler kam bei den „vornehmen Damen" gut an und war ein gern gesehener Gast.

Aber das Verweilen in aristokratischen Kreisen bereitete ihm viel Unbehagen. Es wurde ihm schnell klar, dass es den Damen nicht unbedingt immer um die Kunstwerke ging. In Pazmand, der Nachbargemeinde seines Heimatortes Vereb lebte zu der Zeit ein alter Grundbesitzer. Er war reich und hatte in hohem Alter noch eine schöne junge Baronesse geehelicht, die er stolz immer „meine Baronesse" nannte. Ihre Langeweile endete, als sie vom jungen Künstler Ferenc Palmüller hörte! Eines Tages hielt zur Überraschung aller die schöne Kutsche der Baronesse vor Feris Elternhaus in Vereb. Ein Diener stieg vom Kutschbock herab und übergab ihm einen Brief. In diesem Brief bat die Baronesse Feri um einen Besuch, weil auch ihre Kunstwerke „ins rechte Licht" gerückt werden sollten. Er folgte der Einladung und sah sich nach seiner Ankunft im Kastell bei einem exklusiv für ihn vorbereiteten Dinner der Baronesse gegenüber. Irgendwann kam es an diesem Tag auch noch zur Beschäftigung mit ihren Kunstwerken. Nach diesem – für die Baronesse – kurzweiligen Tag hielt ihre Kutsche noch sehr oft vor seinem Elternhaus und das Spielchen wiederholte sich. So manchem Künstler wäre das Amüsement mit der Baronesse sehr angenehm gewesen, doch Feri fühlte sich in den Kreisen der Aristokraten nicht wohl. Er nahm gut bezahlte Aufträge und Einladungen an, bemühte sich aber, nach getaner Arbeit schnell wieder zu verschwinden.

Der Künstler fühlte sich im Elternhaus in Vereb im Kreise seiner Eltern und Geschwister am wohlsten. Immer wenn er zu Besuch kam, brachte er seinen alten Studienkollegen Laci mit. Dieser kam sehr gerne mit nach Vereb, denn in Feris Elternhaus hielten sich oft junge, hübsche Mädchen – Verwandte oder Freundinnen seiner Schwestern – auf. Dann gingen sie gemeinsam in den Wald hinaus und amüsierten sich vorzüglich. Gute Laune und Fröhlichkeit kannte keine Grenzen. Laci spielte auf der Violine und es wurde gesungen und getanzt. Natürlich widmete man sich auch mal wichtigen Dingen, wie zum Beispiel dem Sammeln von Birnen, Kornelkirschen, Pilzen, Heuschrecken und Käfern!

Abb. 13: Ferenc Palmüller mit seiner Schwester Anna (Quelle: aus Familien-besitz)

10. Margit

Schon als Feri noch Lehrling in Bicske war, lernte er ein hübsches Mädchen kennen. Sie erlernte gerade das Nähen bei der ihm gegenüber wohnenden Nachbarin. Ihr Name war Margit Windisch. Sie hatte blaue Augen und kam aus einer angestammten Schäferfamilie. Ihre beiden Großväter waren gut verdienende Schäfermeister und ihr Vater war Verwalter auf dem gräflichen Gut von Bicske. Bei seinen Recherchen über Margit fand Feri heraus, dass sie mütterlicherseits eine entfernte Verwandte von ihm war. Er war sehr an ihr interessiert und überlegte, wie er es anstellen könnte, sie oftmals „zufällig" zu treffen, um Zeit mit ihr verbringen zu können. Seine Idee war, die beiden verwandten Familien miteinander in Kontakt zu bringen, was ihm durch einen wohl überlegten Kniff gelang.

Abb. 14: Margit Francisca Windisch aus Soskut (Quelle: aus Familienbesitz)

Margit war damals 15 Jahre alt, seine Schwester Anna 16. Eine befreundete Familie hatte Anna zu sich nach Györ eingeladen. Dazu musste man mit der Eisenbahn zunächst nach Bicske und hatte dort einen längeren Aufenthalt bis zum Eintreffen des Anschlusszuges nach Györ. Diesen Umstand nutzte Feri für sein Vorhaben aus. Er holte seine Schwester vom Bahnhof in Bicske ab und nahm sie dann mit zu Margits Eltern, die sie freundlich wie eine Verwandte empfingen. Auf Annas Rückreise von Györ nach Vereb wiederholte sich das Spielchen. Auf diese Art und Weise begründete Feri eine Freundschaft zwischen den beiden Mädchen.

Nun wurde Anna von Margits Familie zu jedem Ball und zu jeder Theateraufführung nach Bicske eingeladen. Da es im kleinen Vereb solche Veranstaltungen nicht gab, ließ ihre Mutter sie gerne dorthin reisen. Im Gegenzug war Margit nun oft auch bei der Familie Palmüller in Vereb zu Gast. So sorgte Feri mit seinem Trick dafür, dass er Margit oft treffen und mit ihr zusammen sein konnte.

Als er nun auf die Kunstakademie nach Budapest wechselte, war seine Mutter darüber besorgt, dass die Beziehung zwischen Feri und Margit einschlafen könnte. Auch in Budapest gab es schöne Mädchen. In der Tat hatte auch Margit noch zahlreiche andere Verehrer. Sie verlobte sich mit Karcsi Straub, dessen Vater eine Blaufärberei besaß. Aber glücklich war sie nicht mit ihm. Als der Bursche zum Wehrdienst musste, beschloss Margit, ihre Verlobung mit ihm wieder aufzulösen.

Allerdings brach Feri den Kontakt zu Margit aus unbekannten Gründen ebenfalls ab. Die Familie Palmüller hielt den gegenseitigen Besuch mit ihren Verwandten in Bicske weiter aufrecht, was dazu führte, dass Margit eines Tages ihre ältere Cousine Maria Windisch – eine Waise – mit nach Vereb brachte, um sie Feris damals 25-jährigen Bruder György vorzustellen. Clever, wie Frauen nunmal sind, ging Margits Plan auf und György fand Interesse an Maria und ehelichte sie in Bicske. Natürlich durfte Feri auf der Hochzeit seines Bruders am 12. Oktober 1912 nicht fehlen und reiste ebenfalls von Budapest nach Bicske an. Er sah Margit erstmals nach zwei Jahren wieder und – wie man sich bereits denken kann – kamen beide wieder zusammen.

„Der Feri wird dich niemals heiraten!" Dieser Satz von ihrer Mutter traf Margit tief ins Herz und sie weinte bitterlich darüber. Es ist nicht gesichert, ob Margits Mutter sich bewusst darüber war, dass Ferenc zufällig Ohrenzeuge dieser Begebenheit wurde. Aber – wie trickreich Mütter eben sind – ist es zu vermuten. Jedenfalls strömten Margits Tränen in Feris Herz und er beschloss, um ihre Hand anzuhalten. Margits Eltern kauften ihnen in Köbanya, einem Bezirk von Budapest in der Hölgy utca 20 eine kleine Wohnung und richteten sie geschmackvoll ein. Sogar Feris Chef Földes Szabo Janos kam und half mit viel Engagement, Rat und Tat. Margits Aussteuer konnte sich sehen lassen, da ihre Eltern finanziell gut gestellt waren.

Der Hochzeitstermin in Bicske wurde auf Donnerstag, den 30. Juli 1914 festgelegt und beide Familien fieberten diesem Tag entgegen. Margits Hochzeitskleid wurde bei einem Schneider in Pest in Auftrag gegeben. Kleid, Kopfschmuck und der Brautstrauß sollten am

Abb. 15: Feris Bruder György Palmüller mit seiner Frau Maria Windisch (Quelle: aus Familienbesitz)

Hochzeitstag geliefert werden. Für die anschließend geplanten Flitterwochen bekam die Braut zusätzlich noch ein schönes Kostüm und Feris Schwester Anna freute sich über ein schönes, dunkelblaues Kleid, das sie während der Hochzeitsfeierlichkeiten tragen sollte. Die Vorbereitungen liefen auf Hochtouren und der Bräutigam traf am Samstag, dem 25. Juli von seiner Arbeitsstelle im Atelier

Abb. 16: Margit Windisch (links). Die Frau neben ihr könnte ihre Freundin Anna Palmüller gewesen sein (Quelle: aus Familienbesitz)

in Budapest kommend in Bicske ein. Das Brautpaar verpackte alles Notwendige in Kisten, die mit der Eisenbahn von Köbanya nach Bicske transportiert werden sollten. So kam es, dass Feri und Margit für ein paar Tage nur die Kleidung verfügbar hatten, die sie am Leibe trugen, bis die Kisten mit der Bahn eintreffen sollten.

11. Krieg!

Am Sonntag, dem 26. Juli 1914 – vier Tage vor dem großen Hochzeitsfest – nahm Margits Mutter vom Hof aus wahr, dass Bewohner der Gemeinde aufgeregt in Richtung eines Wirtschaftsgebäudes liefen. Sie folgte ihnen und sah, dass ein Plakat an der Türe angeschlagen war. Dieses Plakat forderte alle wehrpflichtigen Männer auf, in die Kasernen einzurücken! Mit anderen Worten: Mobilmachung! Der Krieg drohte auszubrechen!

Weinend kam sie zum Hof zurück und berichtete den Familienmitgliedern über das, was sie gelesen hatte. Ein weiteres Familienmitglied kehrte zurück und teilte mit, dass der Bräutigam Ferenc Palmüller sich schon am nächsten Tag, Montag, dem 27. Juli 1914 – drei Tage vor der geplanten Hochzeit – beim Infanterieregiment Nr. 69 in Szekesfehervar melden müsse!

Es war mit Worten nicht zu beschreiben, welche Wirkung diese Mitteilung auf die beiden Familien hatte. Wie vom Blitz getroffen, starrten sich die Familienmitglieder gegenseitig schweigend an. Im Rausch der umfangreichen Vorbereitungen für die Hochzeit, hatten die beiden Familien die erschütternden politischen Ereignisse während der letzten Tage nicht wahrgenommen und nicht realisiert, welche drohenden Wolken sich über ihre Heimat auftürmten.

Alle waren ratlos und niemand sagte ein Wort. Feris Schwester Anna brach schließlich das lange Schweigen und schlug vor, dass der Bräutigam und die Braut vorgezogen heiraten sollten. Alle waren damit einverstanden. „Das kann ich nicht machen! Wer weiß, wie verkrüppelt ich heimkehren werde!" war Feris Kommentar dazu. Seine Braut Margit aber freute sich über den Vorschlag und sagte: „Ich verspreche dir, dass ich in Liebe auf dich warte, egal, was passiert!"

Man schaffte es, die standesamtliche Trauung noch am gleichen Tage – obwohl ein Sonntag – zu organisieren, Dazu lieh Feris Schwester Anna der Braut das dunkelblaue Kleid, das eigentlich sie selbst zur Hochzeitsfeier tragen sollte. Margits Hochzeitskleid lag noch auf dem Kispester Bahnhof in einer Kiste verpackt, die auf den Transport nach Bicske wartete. Es regnete. Daher zogen sich Braut und Bräutigam Regenmäntel über und gingen allein zum Standesamt in Bicske. Dort engagierten sie in aller Eile zwei Trauzeugen und schlossen die Ehe. Anschließend gingen beide allein zur Kirche, suchten auch dort zwei Trauzeugen und traten vor den Altar, wo sie der eilig herbei gerufene Pfarrer vor Gott zu Mann und Frau erklärte.

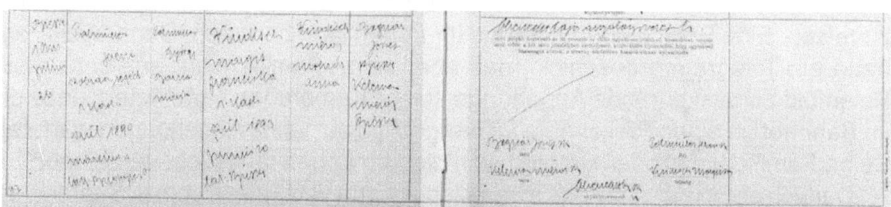

Abb. 17: Heiratseintragung von Ferenc Palmüller und Margit Windisch
vom 26. Juli 1914 (Quelle: Zivilstandsregister Bicske, Fejer, Ungarn)

Am Tag nach dieser vorgezogenen, traurigen Blitzhochzeit frühstückte die Familie noch gemeinsam und begleitete den Bräutigam Ferenc Palmüller zum Bahnhof, wo er um 11.00 Uhr den Zug Richtung Szekesfehervar bestieg. Er winkte zum Abschied. Seine Schwester Anna würde den Anblick nie mehr vergessen, denn er war das letzte Mal, dass sie ihn sah!

Am nächsten Tag, am Dienstag, dem 28. Juli 1914 um 11.00 Uhr erklärte die österreichisch-ungarische Regierung Serbien den Krieg!

Margit und Feris Mutter hatten noch die Gelegenheit, ihn kurzfristig in der Kaserne in Szekesfehervar zu besuchen, bevor seine Einheit an die serbische Kriegsfront verlegt wurde.

Während dessen wartete die Familie auf die für die ausgefallene Hochzeitsfeier versandten Kisten der frisch getrauten Eheleute, die mit der Eisenbahn von Köbanya nach Bicske kommen sollten. Aber in dem Durcheinander dieser Mobilmachungszeit kamen sie erst Wochen später an. Margit und Anna blieben in der Wohnung der Eheleute in Köbanya und hofften auf ein schnelles Ende des Krieges.

Eines Abends gingen beide in den Gemeindepark und in der Nähe einer Eisenbahnbrücke hörten sie ein vertrautes Musikinstrument – eine Tarogato! Der Klang schmerzte in ihren Herzen. Erinnerten sie sich doch an die glückliche und fröhliche Zeit, in der Feri die Tarogato spielte. Margits Mutter begrüßte es, wenn die beiden jungen Frauen zusammen waren und sich gegenseitig trösteten.

Feri schickte eine Feldpostkarte von der serbischen Front, auf der er mitteilte, dass er dort angekommen war. Anfang September 1914 gab es die Information, dass das K.u.K.-Infanterieregiment Nr. 69 von der serbischen an die russische Front verlegt werden sollte. Einige Angehörige von Soldaten aus dem Regiment erhielten Telegramme, dass dieser Transport auf dem Bahnhof Budapest-Kelenföld Halt machen sollte. Das machte vielen Angehörigen Hoffnung, ihre Männer und Söhne noch einmal wieder zu sehen, bevor sie weiter zur Front zogen.

Die Familien Palmüller in Vereb und Windisch in Bicske warteten vergeblich auf ein Telegramm von Ferenc!

In der Unsicherheit, ob das gesamte Regiment oder nur ein kleiner Teil davon verlegt werden würde, entschieden die beiden Familien, nicht nach Kelenföld zu reisen. Eine Entscheidung, die sie ihr Leben lang bereuten. Denn auch Feri hatte ein Telegramm geschickt, das aber seine Familie nicht erreichte. Aus Kelenföld zurückkehrende Angehörige seiner Kameraden berichteten, dass er im Bahnhof an einen Pfeiler gelehnt, vergeblich auf seine Angehörigen wartete! Seine Familienmitglieder konnten sich dies ihr Leben lang nicht verzeihen!

Danach empfingen sie noch eine Feldpostkarte von Ferenc vom 8. September 1914, auf der er mitteilte, dass er an der russischen Front angekommen war.

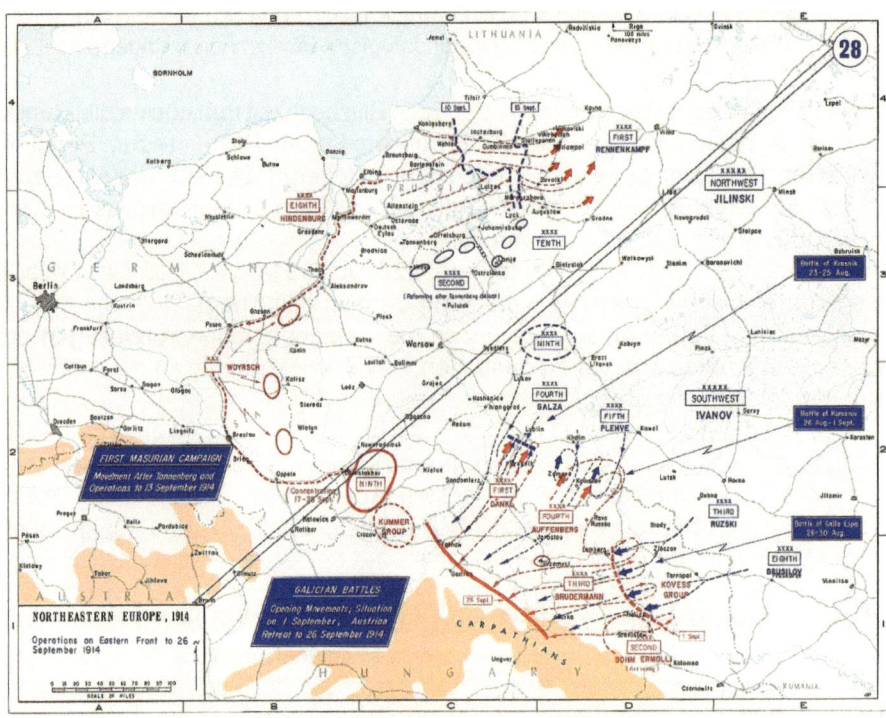

Abb. 18: Die Front im Osten am 26. September 2014 – Ferenc Palmüller gehörte der „Fourth Auffenberg" an (Quelle: Wikipedia – gemeinfrei)

Dies war das letzte Lebenszeichen dieses jungen, hoch begabten, immer freundlichen und humorvollen Menschen, der so ganz anders war als seine Geschwister und der etwas wurde, was für eine Schäferfamilie völlig fremd war: ein begnadeter, von allen beliebter und begehrter Künstler!

12. Vermisst

Als verwundete Soldaten aus dem Infanterieregiment 69 über Bicske zurückkehrten, wunderten sie sich, dass der Kamerad Ferenc Palmüller noch nicht eingetroffen war. Der Familie wurde erzählt, dass er nach den ersten Kämpfen an der russischen Front am Arm verletzt wurde und hinter die Front ging, um sich behandeln zu lassen. Dabei hätte er überlegt, ob er weiter nach hinten gehen oder etwas weiter vorne bei den Leichtverletzten bleiben sollte.

Weder beim Roten Kreuz, noch bei der Kompanie war etwas über den Verbleib des Vermissten bekannt. Auch Graf Battyanyi von Bicske beteiligte sich an der Suche, als er im Bereich der russischen Front war.

Abb. 19: Rechts ein Ausschnitt aus einem Foto einer Kompanie des Infanterieregiments 69, das aus dem Jahr 1917 stammen soll.
Der liegende Soldat sieht Ferenc frappierend ähnlich.

Zu Beginn des Krieges fuhren viele Truppentransportzüge über Bicske, da es sich um eine Hauptstrecke der Eisenbahn handelte. Blumengeschmückte Waggons, voll beladen mit jungen Männern, die freudig singend und siegessicher an die Front fuhren. Aber bald schon kamen Züge aus der entgegengesetzten Richtung, voll beladen mit vor Schmerzen jammernden, schreienden und verkrüppelten Verwundeten – menschliche Wracks!

Margit und Anna bewarben sich als Krankenschwestern und belegten einen Schnellkurs. Sie hofften, dadurch an die russische Front zu gelangen, um selbst nach Ferenc Ausschau halten zu können. Aber die Welt war schon überall in

Flammen! Es gab nicht nur eine russische Front, sondern auch eine serbische und italienische. Jeder gesunde Mann in den beiden Familien war im Kampf. Oftmals wussten die Angehörigen noch nicht einmal, welches Familienmitglied sich an welcher Front aufhielt!

Pázmánd, 1890, verw.
Pálinkás Stefan, Inft., IR. Nr. 69, 16. Komp., Ungarn, Fejér.
Pázmánd, 1891, verw.
Pálmüller Franz, Inft., IR. Nr. 69, 3. Komp., Ungarn, Fejér, Vereb, 1890, verw.
Pamer Paul, Inft., IR. Nr. 69, 5. Komp., Ungarn, Fejér, Székes-
fehérvár, 1887, verw.

Abb. 20: Verlustliste der österreichisch-ungarischen Armee vom 21. November 1914

Feri blieb weiter verschollen und Margit und Anna blieben in Bicske, wo jede Schule und das Gemeindehaus in Lazarette umgewandelt wurden. Die Verwundeten kamen in Strömen und bald schon waren auch die Schulen der kleinsten Dörfer zu Spitälern geworden.

Die Ehefrau des Grafen Battyanyi von Bicske hatte einen Flügel ihres Kastells in ein Lazarett mit 20 Betten umgewandelt. Dort arbeiteten Margit und Anna und versorgten die Verwundeten. Während dessen suchte der Graf noch einmal persönlich an der Front nach Feri. Das Kastell verfügte damals über ein Telefon und als der Graf am anderen Ende direkt von der Front mit Anna sprechen wollte, keimte Hoffnung auf. Doch leider teilte der Graf mit tiefstem Bedauern mit, dass von ihrem Bruder weiterhin jede Spur fehlte.

Seiner Ehefrau Margit blieb nichts anderes übrig, als traurig mit allen anderen auf ein Lebenszeichen ihres Mannes zu warten. Sie erinnerte sich noch gut daran, was er ihr zum Abschied sagte: „Habe keine Angst um mich, wenn ich mich längere Zeit nicht melden sollte. Egal, in welchen Winkel der Welt der Krieg mich verschlägt, ich werde mich immer darum bemühen, dich zu benachrichtigen und heimzukehren!"

Inzwischen hörte man von schlimmen Schlachten, in die die „69er" verwickelt waren. Ein Dorf namens „Rozawina" soll dabei niedergebrannt worden sein, während es voll mit Verwundeten war. Wer selbst nicht hätte fliehen können, sei jämmerlich bei lebendigem Leibe verbrannt! Nie kam eine beruhigende Nachricht! Es gab nur die nicht enden wollende hoffnungslose Traurigkeit! Es gab keine gute Laune, keine Fröhlichkeit und kein schönes ungarisches Lied erscholl mehr! Alles war dahingewelkt! Anna sang nur noch im sonntäglichen Gottesdienst in der katholischen Kirche, aber immer mit tränenerstickter Stimme! Ihre Mutter musste sie in der Kirche nicht mehr ermahnen, die Faxen zu unterlassen und im Gottesdienst ernsthafter zu sein. Das hatte sich in dieser grauenvollen Zeit von selbst ergeben!

In ihrer Erinnerung an ihren Bruder sah sie Bilder von einem hoch begabten, gelehrten, humorvollen, aber mit größtmöglichem Fleiß ernsthaft arbeitenden jungen Mann mit einer ansteckenden Fröhlichkeit, zu dem sie als kleine Schwester staunend und bewundernd aufsah. Sie dachte später immer wieder darüber nach, wie sein Leben und auch das ihrer Familie verlaufen wäre, wenn es diesen Krieg nicht gegeben hätte. Feri hatte Pläne, mit Margit ins Ausland zu gehen und fragte Anna, ob sie mit ihnen kommen würde. Er wäre wahrscheinlich ein großer und sehr berühmter Künstler geworden und sein Name wäre wohl in Europa in höchsten Kreisen in aller Munde gewesen. Aber das war nur noch Erinnerung!

Seine Mutter beweinte ihren Sohn ihr Leben lang. Und nicht nur ihn! Ihr anderer Sohn Karoly kehrte auch nicht wieder heim. Er ließ sein Leben während einer der Isonzo-Schlachten auf dem Berg Krn als Gebirgsjäger am 21. Oktober 1915. Wo er genau sein Grab gefunden hat, ist ebenfalls nicht bekannt. Wahrscheinlich liegt er auf dem Berg in einem Grab mit anderen gefallenen Kameraden, die namentlich nicht bekannt sind.

Feris Mutter erinnerte sich ihr Leben lang daran, wie er sie mit zur Kunstakademie nahm, als sie ihn einmal in Budapest besuchte. Er stellte sie jedem seiner Professoren vor und schämte sich nicht seiner Kopftuch tragenden Mutter, einer einfach gestrickten Schäfersfrau aus einem kleinen Dorf.

Ihre Tochter Anna schrieb in ihren familiengeschichtlichen Erinnerungen: *„Unsere Mutter besaß viele edle Eigenschaften und hätte etwas anderes verdient gehabt, als dieses traurige und schmähliche Ende, das der Krieg – dieses teuflische Menschenwerk – ihr und vielen anderen Unglücklichen zuteil werden ließ."*

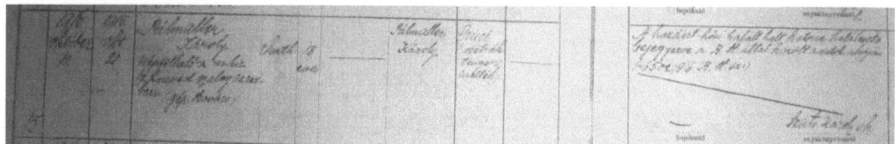

Abb. 21: Sterbeeintragung Karoly Palmüller vom 13. Oktober 1916
mit Todestag 21. Oktober 1915, gefallen bei Krn/Österreich
(Quelle: Zivilstandsregister Vereb, Fejer, Ungarn)

13. Beerdigung

Feris Mutter wartete auf ihren Sohn, so lange sie lebte. Oftmals, wenn sie im Hof das große Tor quietschen hörte, rief sie: „Feri kommt heim!" und rannte nach draußen. Eines Tages erzählte sie ihrer Familie mit großer Erschütterung von einem Traum, den sie in der Nacht zuvor hatte. Feri sei ihr im Traum erschienen und sein Kopf sei verbunden gewesen. Er habe zu ihr gesagt: „Ich bin nur gekommen, um mich von dir zu verabschieden, Mutter!" Danach wäre er verschwunden. Von diesem Zeitpunkt an war sie sich sicher, dass er eine

Kopfverletzung erlitten hatte und daran gestorben war. Sie „beerdigte" ihren Sohn auf diese Weise und sagte Margit, dass sie nicht länger auf ihn warten solle. Sie wäre ja noch viel zu jung, um allein zu bleiben.

Margit hatte einen sehr adretten und gebildeten Mann kennengelernt. Eine Eheschließung war aber nicht möglich, da es keinen Nachweis über den Tod ihres Ehemannes gab. Schließlich blieb keine andere Lösung, als irgendwelche Zeugen aufzutreiben, die vor Gericht bestätigten, was ihm widerfahren war. Irgendwie trieb Margits späterer neuer Ehemann ehemalige Kameraden aus Feris Einheit auf, die bezeugten, dass er im niedergebrannten Dorf „Rozawina" unter den Verwundeten war, die bei lebendigem Leib verbrannten. Das genügte dem Gericht, um Feris Todeszeitpunkt auf den 9. September 1914 festzusetzen. Nun war er offiziell tot! Nach Aussage von seiner Schwester Anna war diese Sache nur eine Formalität und frei erfunden.

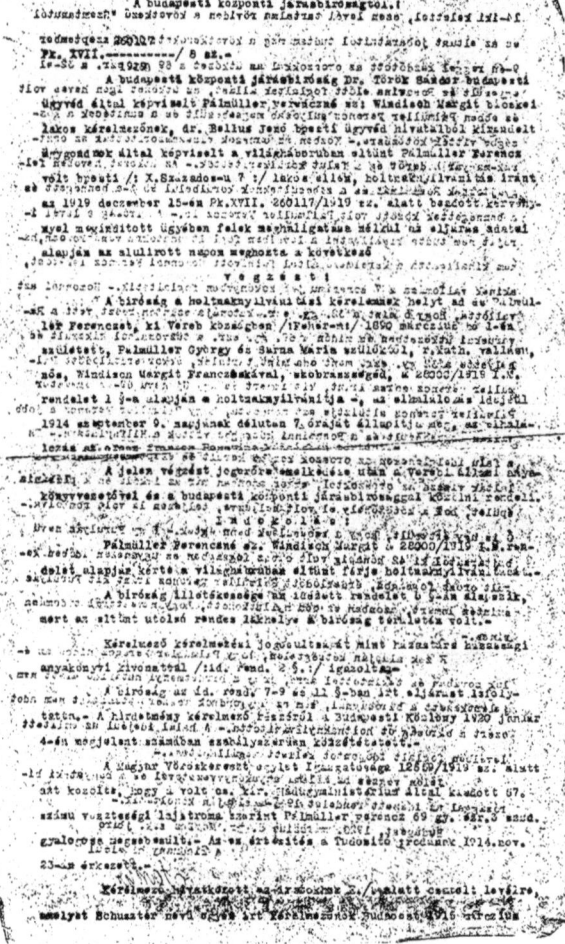

Abb. 22: Gerichtsprotokoll vom Kreisgericht Budapest vom 8. März 1920, in dem – nach Anhörung von Augenzeugen – Ferenc Palmüller für tot erklärt wurde. Offizieller Todestag: 9. September 1914 (Quelle: aus Familienbesitz)

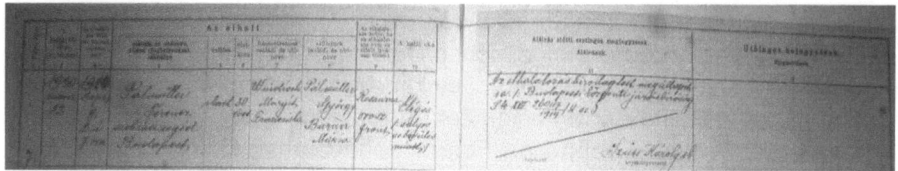

Abb. 23: Sterbeeintragung Ferenc Palmüller vom 12. März 1920 mit Todestag
9. September 1914 (Quelle: Zivilstandsresgister Vereb, Fejer, Ungarn)

Nach erfolgter Eintragung des Sterbefalles Ferenc Palmüller im Zivilstandsregister der Gemeinde Vereb am 12. März 1920, wurde Margit einen Tag später zur Frau von Karoly Galambos. Auch nach dieser Wiederheirat waren ihre Verbindungen zur Familie ihres ersten Mannes Ferenc Palmüller weiterhin sehr herzlich. Sie bekamen fünf Kinder und Patin eines jeden ihrer Kinder war ... Feris Schwester Anna. Und Margit übernahm die Patenschaften für Annas Kinder. Sie kamen alle sehr gut miteinander aus. Aber Margit wurde ihr Leben lang von der einen Frage gequält: „Was passiert, wenn Feri doch noch nach Hause kommt?" Dieser aber blieb verschollen und kam nie mehr heim!

Er war 24 Jahre alt und ein begnadeter Bildhauer. Er wäre auch berechtigt gewesen, einen vorgeschalteten Namen zu tragen. Er hätte unter dem Namen „Marosi Ferenc Palmüller" weiter gearbeitet und wäre womöglich sehr berühmt in ganz Europa geworden, wenn der 1. Weltkrieg seiner wundervollen Begabung nicht das Kreuz gebrochen hätte!

An ihn und seinen Bruder Karoly erinnert nur noch die Gedenktafel für die Gefallenen des 1. Weltkrieges an der katholischen Kirche von Pazmand in Ungarn.

14. Danksagung

Mein größter Dank geht an meine Großtante Anna Szebenyi, geborene Palmüller (1892–1977), die sich im Jahre 1967 im Alter von 75 Jahren dazu entschloss, ihr Wissen über unsere Vorfahren und Verwandten der Nachwelt zu erhalten. Ihre handschriftlich verfassten familiengeschichtlichen Erinnerungen umfassen 208 DIN A4 Seiten. Sie beendete ihre Memoiren kurz vor ihrem Tod im Jahre 1977. Ohne ihre Aufzeichnungen wäre die Erinnerung an die vergangenen Zeiten und an die längst verstorbenen Familienmitglieder unweigerlich verloren gegangen.

Der nächste Dank geht an meinen Verwandten Jozsef Palmüller aus Budapest, der die Originalaufzeichnungen aufbewahrt und mir das komplette Werk in Fotokopie hat zukommen lassen.

Ein besonderer Dank geht an Anton Tressel aus Bous, dem Betreiber des Internetportals www.ungarndeutsche.de. Er hat die 208 handschriftlich verfassten Seiten von Großtante Anna in der Zeit von Januar bis August 2010 von der ungarischen in die deutsche Sprache übersetzt. Ein nicht leichtes Unterfangen, da Anna in einer ländlichen ungarischen Dialektform schrieb.

Zu guter Letzt gebührt ein großer Dank meiner Ehefrau Nancy und meinem Sohn Philipp, die mir die notwendige Zeit zur Dokumentation dieser Erinnerung an das Leben meines Großonkels Ferenc gegeben haben und viele Stunden allein verbringen mussten.

Abb. 24: Gedenktafel für die Gefallenen des 1. Weltkrieges
an der katholischen Kirche von Pazmand

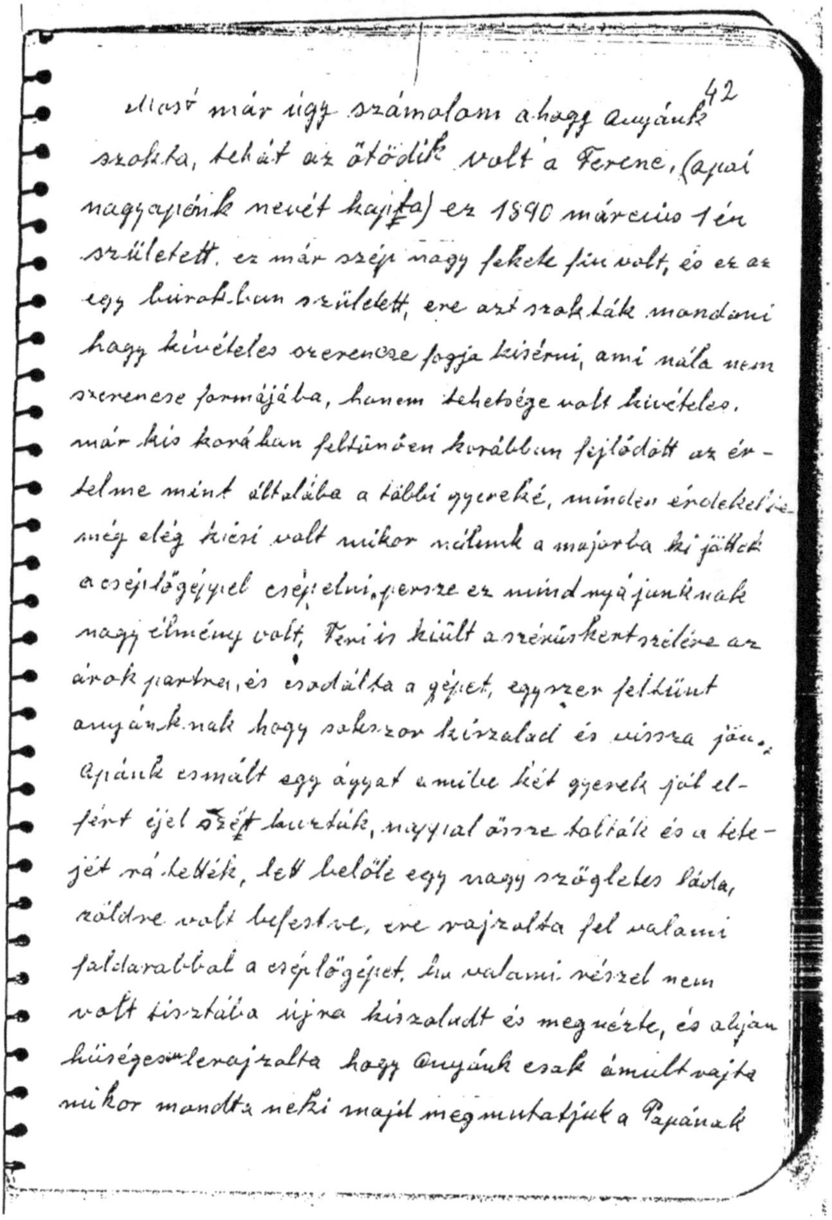

Most már úgy számolom a hogy anyánk[42]
szólita, tehát az ötödik volt a Ferenc, (apai
nagyapáink nevét kapta) ez 1890 március 1 én
született. ez már szép nagy fekete fiú volt, és ez az
egy hurokban született, ere azt szokták mondani
hogy kivételes szerencse fogja kisérni, ami nála nem
szerencse formájába, hanem tehetsége volt kivételes.
már kis korában feltünően korábban fejlödött az ér-
telme mint általába a táblí gyereké, minden érdekelte
még elég kicsi volt mikor nálunk a majorba ki jötték
a cséplögéppel cséppelni, persze ez mind nyájunknak
nagy élmény volt, Feri is kiült a szénáskert szélére az
árok partra, és csodálta a gépet, egyszer feltünt
anyánknak hogy sokszor kiszalad és vissza jön,
Apánk csinált egy ágyat amibe két gyerek jól el-
fért éjel szét húzták, nappal össze tolták és a tete-
jét rá tették, lett belöle egy nagy szögletes láda,
zöldre volt befestve, ere rajzolta fel valami
faldarabbal a cséplögépet. ha valami résszel nem
volt tisztába ujra kiszaladt és megnézte, és alján
hüségessen lerajzalta hogy anyánk csak ámult rajta
mikor mondta neki majd megmutatjuk a Papának

Abb. 25: Auszug aus den handschriftlich verfassten familiengeschichtlichen Erinnerungen von Anna Szebenyi, geborene Palmüller. In ihren Band II auf Seite 42 begann sie über das Leben ihres Bruders Ferenc Palmüller zu berichten (Quelle: aus
Familienbesitz)

Kleiner Nachtrag zum Beitrag „50 Jahre Roland zu Dortmund e.V."[1]

von Richard Goldmann

Während meines Studienjahres an der Universität Leeds/England 1962/63 schrieb mir mein Vater, dass sich in Dortmund ein genealogischer Verein gegründet hätte, wie er von seinem Freund Fritz Klausmeier erfahren habe. Dazu muss ich sagen, dass ich – als Sohn geschichtlich und genealogisch interessierter Eltern (insbesondere vorbelastet durch meine Mutter) – seit 1959 ernsthafte Familienforschung betrieb (die übrigens auch während meines England-Studiums nicht ruhte). Als ich im Juni 1963 wegen des in Dortmund stattfindenden Evangelischen Kirchentages etwas vorzeitig nach Hause zurückkehrte, nahm ich sofort Verbindung zum „Roland zu Dortmund" (RzD) auf und bat um Zusendung der monatlichen Einladungen. Das klappte aus mir unbekannten Gründen leider nicht (vielleicht, weil ich wegen meines jugendlichen Alters nicht als ernsthafter Interessent angesehen wurde), so dass ich mich dann etwas ärgerlich zum sofortigen Beitritt entschloss, um so den Erhalt der Einladungen sicherzustellen – was auch funktionierte. So war ich jahrelang das jüngste Mitglied – inzwischen durch mittlerweile 50-jährige Mitgliedschaft das dienstälteste (nicht das altersälteste!) – und bin so quasi Augenzeuge der Entwicklung unseres Vereins. Deshalb möchte ich einige wenige kleine Ergänzungen und Berichtigungen anmerken, damit diese Irrtümer bei unseren künftigen Jubiläen nicht – wie sonst oft üblich – in die nächste Festschrift übernommen werden:

Zu RzD Band 20 (2011), Seite 155, Fußnote 3: Dr. Karl Rudolf Wehn in Kamen (später Wermelskirchen) und Gerhard Schmücker gehörten damals noch nicht zum „Roland" oder seinem Interessentenkreis: Letzterer ist mein Berufskollege, den ich sehr viel später (deutlich nach 1970) für den Roland – wenigstens für eine gute Reihe von Jahren – werben konnte. Dr. Wehn, Mitglied bei der „Westdeutschen Gesellschaft für Familienkunde" in Köln, stieß noch später zu uns. Erika Wöstenberg fand 1973 (nicht 1961) den Weg zu uns (siehe RzD Band 2, Heft 9 [1973], Seite 175: „Neue Mitglieder"). Dagegen zählt Wilma Dröge sicherlich zu unseren Gründungsmitgliedern, wie schon von Christian Loefke vermutet.

Zu Seite 156: Der mir persönlich (als Freund meines Vaters) gut bekannte Fritz Klausmeier ist meines Wissens nie Mitglied des RzD geworden, kann also auch kein Gründungsmitglied sein.

Hermann Zeller ist übrigens erst 1970 dem RzD beigetreten (siehe RzD Band 1, Heft 11 (1970), Seite 199: „Neue Mitglieder") – er selbst glaubte ja anderes, aber manchmal spielt uns die Erinnerung leider doch einen Streich.

---

1 LOEFKE, Christian: 50 Jahre Roland zu Dortmund e. V., in: RzD 20 (2011), S. 155-163.

Bericht von der Jahreshauptversammlung
am 13. März 2012

und der außerordentlichen Mitgliederversammlung am 14. April 2012

vom 2. Schriftführer Christian Loefke

Der stellv. Vorsitzende, Christian Loefke, begrüßte um 19:15 Uhr die anwesenden 31 Mitglieder zur form- und fristgerecht einberufenen Jahreshauptversammlung im Hotel Drees und stellte die Beschlussfähigkeit fest. Anschließend wurde der im letzten Jahr verstorbenen Mitglieder, Herrn Alfons Kaperschmidt († 15. Juli 2011), Herr Alfons Johannes Häger († 23. August 2011), Herrn Klaus Reinhardt († 10. November 2011) und Herrn Hermann-Joseph Zeller, († 22. Dezember 2011), gedacht.

Im abgelaufenen, durchaus turbulenten und ereignisreichen Geschäftsjahr fanden eine Jahreshauptversammlung, sieben Vorträge und zwei Diskussionsabende, ein Ausflug sowie unsere Jubiläumsfeier zum 50-jährigen Bestehen des ROLANDs statt. Zudem traf sich der Vorstand zu vier Vorstandssitzungen. Der ROLAND war durch Vorstands- und andere Mitglieder auf dem 4. Westfälischen Genealogentag in Altenberge, dem Deutschen Genealogentag in Erlangen und dem Duitslanddag der niederländischen Genealogen in Weesp vertreten. In der Bibliothek mussten sich die Mitarbeiter in das überarbeitet Update unseres Bibliotheksprogramms einarbeiten. Durch das Update besteht jetzt die Möglichkeit, den Bibliothekskatalog aktueller im Internet zu präsentieren. Der stellv. Vorsitzende dankte den Mitarbeitern in der Bibliothek (Frau de Greiff, Herrn Haar, Herrn Wortmann und Herrn Drumann) für ihren Einsatz.

Die Jubiläumsveranstaltung am 21. Mai 2011 fand im Hotel Drees statt. Obwohl langfristig geplant, wurde bis zuletzt an Kleinigkeiten gefeilt, so dass sich das Ergebnis gut ansehen ließ. So gab es nicht nur leckere Häppchen für das leibliche Wohl, auch für den Forschergeist waren zahlreiche Anregungen vorbereitet und wurden durch Eva Holtkamp und Wilhelm Hoffmann präsentiert. Nach verschiedenen Grußworten und einer Kurzübersicht über die Vereinsgeschichte war der Festvortrag von Prof. Schilp vom Stadtarchiv über die Hansekaufmannsfamilie Veckinghausen dann ein weiterer Höhepunkt des Nachmittags. Allen Beteiligten wurde nochmals für diese gelungene Jubiläumsveranstaltung gedankt.

Zum Abschluss des Vorstandsberichts wurde den Anwesenden etwas Vereinsstatistik geboten: Am Ende des Jahres 2011 hatte der Verein 141 Mitglieder, davon 29 weibliche (ca. 20%) und 113 männliche (ca. 80%) sowie ein korporatives Mitglied (0,6%). Immerhin 109 Mitglieder haben eine E-Mail-Adresse, und das bei einem Durchschnittsalter von 65 Jahren (aus 137 Angaben). Dabei verteilen sich die Mitglieder folgendermaßen auf die verschiedenen Altersgruppen: 1,4% sind unter 30 Jahre alt, ebenfalls 1,4% sind 30-40 Jahre alt, 14,5% sind es in der Gruppe der 40-50-jährigen, 12,4% sind 50-60 Jahre alt, mit 30,6% stellen die 60-70-jährigen den größten Anteil gefolgt von den 27% der Altersgruppe der 70-80-jährigen und den 12,4% der Über-80-jährigen.

Die Schriftführerin, Eva Holtkamp, berichtet über Anfragen an den Verein, die vor allem Namensvorkommen in alten ROLAND-Heften betreffen. Außerdem moderiert sie u. a. die vereinsinterne Mailing-Liste.

Da der Schatzmeister, Wilhelm Hoffmann, erkrankt war, konnte die Rechnungslegung, sowie der Bericht der Kassenprüfer und die Entscheidung über die Entlastung des Vorstandes erst in der folgenden Arbeitssitzung im April, für die erneut form- und fristgerecht eingeladen wurde, erfolgen. Dabei ergab die Prüfung der Kasse keinerlei Anlass zu Beanstandungen, so dass dem Antrag auf Entlastung des Vorstandes gefolgt wurde.

Die Nachwahl des stellv. Schatzmeister konnte dagegen bereits im März durchgeführt werden. Bei einer Enthaltung wurde Rainer Schmitt einstimmig gewählt.

Zum Abschluss der Jahreshauptversammlung wurde für eine Tagesfahrt zum Auswanderer-Museum in Bremerhaven geworben und Herr Koschorrek berichtete noch über die historischen Daten zum Tage. Um 20.25 Uhr wurde dann die Versammlung offiziell bendet.

Die Arbeitssitzungen des letzten Jahres hatten folgende Themen:

12.01.2011	544.	**Jörg Wunschhofer**: Die Familien-Präbende Crater an St. Martini in Münster
08.02.2011	545.	Jahreshauptversammlung
08.03.2011	546.	Außerordentliche Mitgliederversammlung **Ralf Koneckis**: Deutsche Orte im antiken Kartenwerk des Ptolemäus erkannt
12.04.2011	547.	**Wilhelm Hoffmann**: Die Zuwanderung meiner Vorfahren in das rheinisch-westfälische Ruhrrevier. Migration im zeitlichen und politischen Kontext (der ursprünglich geplante Vortrag musste entfallen)
21.05.2011	548.	Jubiläumsveranstaltung – 50 Jahre Roland zu Dortmund
14.06.2011	549.	Aussprache und Diskussionsabend
12.07.2011	550.	**Richard Goldmann**: Einführung in die Wappenkunde

13.09.2011	551.	**Christian Loefke**: Vererbungsstrategien bei eigenbehörigen Bauern?
24.09.2011	–	Ausflug zum Schiffshebewerk nach Henrichenburg
11.10.2011	552.	Diskussionsabend
08.11.2011	553.	**Klaus-Dieter Kreplin**: Geschichte sichtbar machen: Migrationen an der südlichen Ostseeküste in der frühen Neuzeit
13.12.2011	554.	**Wilhelm Hoffmann** (2 Kurzreferate): 1) „Mord am Hellweg – Anno 1798", ein Mordfall genealogisch betrachtet, 2) Umsonst und gut – das Bildbetrachtungsprogramm PICASA und dessen Online Datenbank für Bilder

Ortsregister

Warstein 48, 50, 51
Weesp 97
Weissenburg 65
Werl 15
Wermelskirchen 96
Westerbork 52
Westfalen 7, 27, 44
Westönnen 15
Wickede 12
Wiedenbrück 16, 18, 20, 24, 27, 28

Wien 64
Wörth 65
Wuppertal 56
Wuppertal-Barmen 48

Yad Vashem 55

Zgierz bei Lodz 52

Namenregister

A

Abel 38
Abraham 46
Abramowicz 52
Albert 43
Albrecht 43
Althoff 46, 56
Andres 54, 55
Ar(e)nd(t) Wietlake 18, 26
Arndsmeier 27
Aschütz 35
Astenroth 40
Aufderheide 32

B

Bäcker 42
Bäecker 39
Barna 68
Battyanyi von Bicske 89, 90
Baum-Arendt 26
Baumgartner 76
Baum, vor dem 26
Beckman 10
Bellwinkel 34
Bendix 46
Benjamin 46, 47

Bentheim-Tecklenburg, Fst. von 16
Berg 35
Berger 49
Berghaus 35, 41
Bierböhmer 27
Biermann 32
Blencke 38
Bocholt 27
Bodeking 7
Boeker 24
Boemke 30
Böhle 27
Bokel 27
Bömcke 35, 37
Bomker 26
Bömker 24
Börgerhoff 34
Borgmann 38
Bormann 37
Bortner 42
Bra(c)kel, (von) 7, 8
Brandhoff 35
Brechtefeld 36
Breddemann 36
Bredemehr 27
Bremcke 43
Brockhaus 35

Klausmeier 96
Kleibaumhüter 17
Klemann 39
Kletzmann 28
Klingelhöfer 34
Kloever 41
Klöpper 40
Kloth 36
Klott 15
Knauf(f) 38, 41
Knipp 41
Koch 28, 35, 40, 42
Kochjohann 18, 27
Köchling 38, 43
Kock-Johan 27, 30, 31
Ködinghausen 26, 27
Kohlmann 39
Koneckis 98
Korb 39
Kortenbusch 38
Kortmann 37, 38
Kortum 36
Koschorrek 98
Koynkhaus 30
Kreitz 37
Kremping 39
Kreplin 99
Kromberg 39
Kruckendyik 41
Kruse, 40
Kuckelke 39
Kuherde 21
Kuhmann 38
Kühne 35
Künnen-Merten 17, 21

L

Lachmann 48
Landfermeier 26
Laurecker 26
Leclerq 39, 43
Ledebur 24
Lehnhoff 39

Lemberg 36, 42
Lennemann 35
Leve 39
Lindemann 42
Lipper 47
Loefke 96, 97, 99
Loh 38
Lohmann 39
Lohrecker 32
Loth 37
Louis 39
Lübbert 35
Lugh 42
Lümern 32
Lupka 48
Lütcke 39

M

Maes 26, 29
Maes gen. Wixmerten 29
Maeß 26, 29, 32
Mallin(c)krodt 8, 36, 40, 42, 43
Meier 52, 54
Meierling 11
Mellinghaus 39, 42
Mellmann 39
Menteler 39
Mercker 41
Mersch-Jost 24
Meyerling 42
Middeldorff 43
Middelmann 11
Möller 37, 40, 41
Morck 34

N

Naerman 21
Napoleon, frz. Kaiser 33
Nathan 45
Neuendorff 35
Neumann 49
Niedermowe 65
Niekötter 26

Z